VIE DU BARON

LOUIS-GUY BLANCARD

(7 Mars 1829 — 20 Mars 1893)

UN HOMME DE FOI

VIE DU BARON

L.-G. BLANCARD

(7 Mars 1829 — 20 Mars 1893)

PAR

L'ABBÉ J^h^ RIMET

Curé-Archiprêtre de Chabeuil (Drôme).

Vir fidelis multùm laudabitur.
(LIVRE DES PROV., chap. XXVIII, v. 20).

VALENCE
IMPRIMERIE VALENTINOISE
Place Saint-Jean.

1893

LETTRE

de Monseigneur l'Evêque de Valence à l'Auteur.

Monsieur l'Archiprêtre,

Je viens de passer une heure délicieuse à lire les pages si pleines d'intérêt et d'édification que vous avez consacrées à la mémoire vénérée de M. le baron Blancard.

Nul n'était en meilleure situation que vous pour retracer les traits de cette physionomie si sympathique, expression fidèle des nobles et pieux sentiments d'un grand cœur. Vous l'avez fait avec une exactitude, une délicatesse et un soin religieux qui font revivre sous nos yeux cet homme de foi, *et qui nous révèlent tout ce que vous avez ressenti d'affectueuse admiration pour cette belle âme.*

Votre travail, je n'en doute pas, sera pour la digne compagne de cette sainte existence une profonde consolation dans la douleur trop légitime qu'elle ressent d'une aussi cruelle séparation. Toute une famille for-

tement chrétienne, animée des mêmes sentiments que celui dont elle déplore la perte; tous ceux qui l'ont connu vous béniront d'avoir, en quelque sorte, prolongé cette vie en racontant avec tant de charme les œuvres admirables qui l'ont remplie.

Peut-être, dans votre pensée, le livre que vous avez écrit n'est-il destiné qu'à une publicité restreinte, et ne doit-il pas être répandu au-delà d'un cercle intime de parents et d'amis, je le regretterais très vivement.

Lorsque chez un homme, dont la carrière trop vite interrompue devait être si glorieuse, on rencontre un si tendre amour de Dieu joint à l'amour le plus ardent de la patrie, une charité généreuse qui se dérobe à la louange, une intelligence des plus cultivées qui cherche la lumière et la paix dans la foi, tant de distinction et tant d'aménité, tant de science et de modestie, la résignation la plus soumise et la patience la plus inaltérable au milieu de longues souffrances, quel est celui qui ne se sentirait ému et comme entraîné par de si saints exemples ?

Il y a là des leçons salutaires pour tous, et chacun comprendra que, par les habitudes d'une vie simple et commune en apparence, on peut s'élever aux plus hauts sommets de la perfection.

N'est-il pas juste, d'ailleurs, que celui qui s'est tant humilié soit exalté et que, s'étant estimé le dernier de tous, il soit parmi les premiers non-seule-

ment dans le royaume céleste, mais dans l'église de Dieu, son royaume ici-bas ?

Je vous remercie et vous félicite très cordialement, Monsieur l'Archiprêtre, et je fais les meilleurs vœux pour que votre œuvre, inspirée par le cœur, atteigne bien des cœurs et les rende semblables au modèle que vous leur proposez.

Agréez, Monsieur l'Archiprêtre, l'expression réitérée de mon affectueux respect.

+ CHARLES, Evêque de Valence.

Valence, le 22 septembre 1893.

INTRODUCTION

Dans un éloquent discours, prononcé sur le seuil de cette vénérée chapelle du cimetière d'Allex (Drôme), dont le caveau reçut, le 23 mars 1893, tout ce qui reste en ce monde du baron Louis-Guy Blancard, capitaine d'artillerie en retraite, chevalier de la Légion d'honneur, M. H. de Gailhard-Bancel s'exprimait ainsi :

« Nous n'avons pu qu'entrevoir la généreux
« rosité de cette âme pour Dieu, ses sacrifices, ses souffrances, ses mérites ; et il
« faudra que, quelque jour, un de ces prêtres
« aimés qui en ont pénétré plus avant les
« secrets, nous les livre et nous découvre
« ces trésors cachés, pour que nous puis-

« sions en mieux apprécier la valeur, une « fois de plus admirer l'œuvre de Dieu dans « ses saints et mesurer toute l'étendue de la « perte que nous faisons aujourd'hui » (1).

A peine ces paroles furent-elles prononcées, que Mme la baronne Blancard, ainsi que l'un des neveux du grand chrétien auquel une foule énorme de parents, d'amis et de compatriotes venaient de rendre les derniers devoirs, nous firent l'honneur de déclarer que nous étions clairement désigné pour l'humble travail dont nous entreprenons aujourd'hui la publication. Durant cette même triste journée des funérailles, plusieurs autres parents et amis de l'inoubliable défunt nous prièrent d'accéder au désir qui nous était exprimé.

Il n'y avait qu'à s'incliner. L'intimité dans laquelle nous avions eu le bonheur de vivre, durant plus de vingt ans, avec celui que nous pleurons, comme aussi la gloire de

---

(1) Discours reproduit *in extenso* par le *Messager de Valence*, numéro du samedi 25 mars 1893. Nous le reproduirons nous-même au dernier chapitre de cette notice, en même temps que celui de M. René Bérenger, sénateur, membre de l'Institut.

Dieu, l'honneur de la sainte Eglise et l'édification publique ne nous en faisaient-elles pas un devoir, pour parler ici comme l'éminent historien du général de Sonis (1), « avec « lequel le baron Blancard eut de nombreux « traits de ressemblance » (2) ?

Ainsi que nous venons de le dire, durant de longues années, du commencement de 1872 à la fin de 1884, nous avons vécu à côté de lui. Ce n'étaient point seulement entre nous les confidences secrètes du paroissien au prêtre, mais les communications mutuelles de l'ami à l'ami. Depuis notre éloignement d'Allex, nous n'avons cessé d'entretenir ensemble une correspondance intime, à laquelle la cruelle maladie qui l'a emporté, n'avait pas mis fin, car nous croyons avoir reçu du baron Blancard la dernière lettre qu'il lui ait été possible d'écrire. Elle se terminait par ces mots : « Je me sens très « enfiévré, plus affaibli que jamais. Ne suis-

(1) *Le général de Sonis*, d'après ses papiers et sa correspondance, par Mgr BAUNARD. Préface.

(2) Lettre de M. l'abbé Didelot, curé-archiprêtre de la Cathédrale de Valence, 26 mars 1893.

« je pas, cette fois, près de la fin ? A la garde « et à la grâce de Dieu ! Mais priez pour « moi ». Et lorsque, en effet, il fut à la fin, durant ces derniers quinze jours où il ne perdit pas un instant la lucidité de son esprit, le souvenir de ceux qu'il aimait et surtout la ferveur de sa dévotion, alors ce fut Mme la baronne elle-même qui nous adressa de Menton, presque jour par jour, le détail des progrès du mal, jusqu'à ce 20 mars enfin où, prêt à monter à l'autel pour dire à l'Introït de la messe : « *Justus ut* « *palma florebit ; sicut lilium germina-* « *bit* » (1), nous reçûmes de l'épouse désolée ce triste télégramme : « *Louis à toute extré-mité* », puis une heure après, cet autre : « *Louis n'est plus !* »

Pour reprendre la pensée du discours dont nous avons cité un extrait, nous avons donc peut-être, en effet, mieux que qui que ce soit « *pénétré les secrets de cette*

---

(1) « *Le juste fleurira comme le palmier; il germera comme le lis.* » Paroles de l'Introït de la messe de S. Joseph. A cause de sa coïncidence avec le dimanche de la Passion, la solennité de S. Joseph avait été remise au lendemain, 20 mars, en cette année 1893.

âme » et nous allons maintenant découvrir « *ces trésors cachés* », proposer à l'admiration d'un plus grand nombre « *l'œuvre de* « *Dieu dans ses saints* » ; avec le grand regret cependant de ne pouvoir révéler tout ce que nous savons, avec la joie d'en dire assez pour accomplir une œuvre de profonde édification, avec l'espérance qu'une nombreuse famille en larmes trouvera, dans ce modeste travail, quelque consolation à son immense douleur.

Chabeuil, le 25 août 1893, Fête de saint Louis, roi de France.

Un Homme de foi

VIE

Du Baron Louis-Guy BLANCARD

CHAPITRE PREMIER

Les familles Blancard et Rigaud de Lisle. — Naissance de Louis-Guy. — Sa première éducation. — Sa première communion au lycée Louis-le-Grand.

(7 mars 1829 — 9 juin 1842)

La famille Blancard était originaire de Loriol, chef-lieu de canton du département de la Drôme, arrondissement de Valence, à vingt kilomètres au midi de cette ville, sur la ligne de Paris-Lyon-Méditerranée.

« Depuis fort longtemps, lisons-nous dans un article « nécrologique publié par le *Messager de Valence*, à « la date du 25 mars 1893, elle passait, et à juste « titre, pour l'une des plus considérables de la région.

« Guy Blancard fut député du Dauphiné aux Etats-« Généraux et à la Constituante, où il fit partie des « comités de l'agriculture et du commerce. Il laissa « deux fils. L'aîné, chef d'escadron au 11e cuirassiers, « chevalier de la Légion d'honneur, fut tué, jeune « encore, à la bataille de Leipzig, en 1812. Le second, « père de celui dont nous écrivons la vie, Amable-« Guy Blancard, était né le 24 août 1774. Il embrassa « également la carrière des armes. Sous-lieutenant « au Royal Roussillon en 1791, il se distingua par de « nombreux traits de vaillance. Il fut nommé général « de brigade pendant la campagne de Saxe et bientôt « baron de l'Empire. Sous la Restauration, il mérita « la croix de St-Louis, fut promu au grade de com-« mandeur de la Légion d'honneur en 1832 et lieute-« nant-général en 1835. »

Il avait épousé, en janvier 1822, Louise-Pierrette-Marie Rigaud de Lisle. Celle-ci, née le 15 juin 1799, était originaire d'Allex, charmant village bâti en amphithéâtre et en plein midi sur le verdoyant côteau qui, à deux kilomètres de distance, longe la rive droite de la Drôme, ayant entre lui et la rivière une plaine dont la riche végétation lui fait comme un immense tapis de verdure.

Allex est situé entre Livron et Crest, à huit kilomètres nord-est de Loriol, où était né le général Blancard, qui y possédait alors une fort belle habitation de maîtres ainsi que plusieurs fermes.

Louise-Pierrette-Marie appartenait, de son côté, à l'une de ces familles patriarcales qui sont, à la fois, des modèles d'union, de travail et une ressource précieuse pour les malheureux dans tout un pays. De vieille date, les Rigaud de Lisle possédaient au levant d'Allex et sur le territoire limitrophe de la commune d'Eurre, de vastes terres, divisées en plusieurs domaines dont le plus important était celui de Lisle, pourvu, lui aussi, d'une vaste habitation de maîtres, à l'entrée de laquelle on peut lire, gravée sur le marbre, cette flatteuse inscription :

« *Cette maison était l'habitation ordinaire de*
« *M. Michel-Martin Rigaud de Lisle. De son vivant,*
« *il fut un excellent citoyen, l'ami des hommes et le*
« *père des pauvres. Ce marbre a été placé aux frais et*
« *par les soins de ses voisins de tous les ordres qui ont*
« *voulu rendre hommage à ses vertus et en conserver*
« *la mémoire. Il était né le 4 avril 1704 et il est mort*
« *le 21 février 1782.* »

Au commencement de notre siècle, cette maison était habitée par Louis-Michel Rigaud de Lisle qui, de son mariage avec dame Sophie Clappier (1), avait

(1) Mme Rigaud de Lisle, née Clappier, était la tante des deux généraux Clappier dont un seul est survivant aujourd'hui.

eu trois enfants, Françoise-Charlotte, Louise-Pierrette-Marie et Sophie. L'aînée fut mariée à M. Arvet, de l'Isère ; la plus jeune à M. Bérenger de la Drôme ; le général Blancard obtint la main de la cadette, dont on admirait la grande beauté en même temps que l'éducation parfaite.

A ceux-ci Dieu accorda quatre enfants. Les trois premiers furent des filles : Mathilde, Cécile et Sophie-Félicie-Mina.

Louis-Guy, celui dont nous entreprenons de raconter l'édifiante vie, fut le quatrième.

Il naquit à Loriol le 7 mars 1829. Cette naissance d'un fils ardemment désiré « fut saluée, suivant l'usage « du pays et de l'époque, par de bruyantes fusillades « et par l'offrande aux heureux parents de nombreuses « couronnes de verdure et de fleurs » (1). Car, non seulement les habitants de Loriol entouraient le général et sa digne épouse de tout le respect dû à leur rang, mais ils avaient à cœur de saisir une occasion si favorable pour témoigner leur reconnaissance à une famille qui, par sa charité, était la providence de toute la région.

Et chaque fois ensuite que reviendra, durant soixante-quatre ans, l'anniversaire de cette naissance si universellement fêtée, Louis-Guy pourra entendre, dans tout

---

(1) Extrait d'un précieux mémoire qui nous a été gracieusement fourni par un membre de la famille.

son entourage, comme un écho des souhaits dont il avait été l'objet à sa première apparition dans la vie. Veut-on savoir déjà comment lui-même, le 19 mars 1893, à peine quelques heures avant de mourir, eût aimé à célébrer un anniversaire pareil ? Il s'adresse à celle qui, depuis vingt-quatre ans, se montre une épouse si dévouée, et, conformément à la recommandation de l'apôtre S. Paul, l'émule de vertus toujours grandissantes : « Je regrette bien, lui dit-il, d'être « ainsi cloué sur ce lit. J'avais projeté de faire confec- « tionner pour aujourd'hui deux bouquets, l'un plus « gros et plus beau que nous aurions porté ensemble « sur l'autel de S. Joseph, et l'autre, plus petit, mais « bien beau également, eût été pour toi. »

A cette époque, le général Blancard était en non-activité de service, et on le voyait se partageant entre sa résidence de Loriol (1) et celle de Lisle dont la Baronne avait hérité en 1826. C'est dans cette dernière, offrant beaucoup plus d'agrément, à cause de sa situation en rase campagne, de sa vaste étendue, de ses eaux, de son parc, de cette vue ravissante des ruines de Chabrillan et de la tour de Crest, à travers des éclaircies savamment ménagées, que l'on s'établira plus

---

(1) C'est en 1844 que fut vendue l'habitation de Loriol. Toutefois, le Général ne voulut pas rompre toute attache avec son pays d'origine, où il rencontra toujours respect, affection et reconnaissance. Il y conserva la propriété de quelques fermes de la plaine de Loriol et de la montagne de Briant qui appartiennent encore à la famille.

tard d'une façon définitive et que celui dont nous venons de signaler la naissance, passera, à peu près sans interruption, les vingt dernières années de sa vie. Toutefois, de 1830 à 1837, année de la mise au cadre de réserve, le Général ne fit plus que de très courts séjours en Dauphiné ; car, ayant repris du service, il fut appelé, après la révolution de juillet, à commander à Lyon. C'est dans cette ville qu'il passa, ainsi que sa famille, l'hiver de 1831. Mais une armée se forme en Flandre et le soldat n'a rien perdu de son humeur guerrière, malgré la forte chaîne que lui compose sa couronne de bien-aimés enfants. Il sollicite donc un poste de combat et, à sa grande joie, il obtient le commandement de la brigade de carabiniers, qui attend impatiemment à Versailles le jour où elle sera dirigée vers la frontière. Il n'y eut pas de guerre et le Général, dont le gouvernement voulut utiliser les éminentes aptitudes pour la formation et la conduite des troupes, fut mis à la tête d'une petite armée. Il ne s'en sépara que pour aller commander la cavalerie aux camps de Compiègne. C'est là qu'il fit plus ample connaissance avec le duc de Nemours ; il put, dans de fréquentes relations, apprécier le beau caractère du Prince qui, lui-même, n'oublia jamais celui qu'il ne désignait que par ce nom : *Mon ancien Général*. C'est alors également, en 1832, qu'il fut nommé commandeur de la Légion d'honneur.

En 1835, il fut nommé lieutenant-général. En 1836, nous le trouvons à Paris, où l'ont appelé ses nouvelles et hautes fonctions ; car, sauf erreur de notre part, être lieutenant-général, c'était, à cette époque, occuper l'un des plus hauts grades de l'armée.

Louis-Guy avait sept ans, jusqu'alors, non plus que ses trois sœurs aînées, il n'avait eu d'autre précepteur que son père et sa mère : « Ce sont eux, lisons-nous, « dans un mémoire du plus haut intérêt, qui nous « avaient appris à lire et à écrire, ainsi que les pre- « miers éléments de bien des choses. Au plus loin de « mes souvenirs, nos parents nous faisaient prier et « nous mettaient au cœur *cette foi sans laquelle je « n'ai jamais compris qu'il soit possible de vivre.* « J'étais encore très jeune ; mes deux sœurs, mon « frère Louis et moi nous courions dans la grande « allée de Lisle ; et j'entends encore notre mère nous « dire : Mes enfants, Dieu est ici ; il est partout, il « vous voit ; il entend tout. »

Ainsi, nous racontent les historiens, parlait Blanche de Castille à S. Louis ; ainsi la comtesse de Sionas à ce fils qui devait être S. François de Sales ; ainsi, dans une condition plus modeste, la mère du vénérable Jean-Baptiste-Marie Vianney, à qui l'on disait un jour : « Vous êtes bien heureux d'avoir ressenti, de si bonne « heure, le goût de la piété ! » — « Après Dieu, « répondit le saint Curé d'Ars, c'est l'ouvrage de ma « mère. Elle était si sage, ma mère ! » Et il ajoutait : « Voyez-vous, la vertu passe du cœur des mères dans « le cœur des enfants. »

C'est sans doute après avoir connu cette réflexion du saint Curé que l'illustre Louis Veuillot écrivait une éloquente page que nous ne pourrons reproduire ici, à cause de la longueur de la citation, mais nous proposons à la méditation des pères et des mères les lignes qui suivent :

« Comme les enfants vivent de la vie naturelle des « parents dans le corps mortel, ils vivent également « de leur vie morale dans les habitudes qu'ils leur « font contracter. Comme leur image extérieure se « reproduit dans les traits de leur visage, leurs senti- « ments intimes, leurs qualités, leurs vertus se repro- « duisent dans leur âme, et leur conduite, en général, « surtout en religion, en moralité, n'a sa raison « d'être que dans les exemples » (1).

Ainsi donc la baronne Blancard jetait dans l'âme

---

(1) Puisque nous touchons à cet important sujet de l'influence et de la responsabilité des parents, en ce qui concerne la formation religieuse et morale des enfants, écoutons encore un illustre personnage contemporain, dont le nom est béni et en France et en Allemagne : « Quels remerciements ne vous dois-je pas, ma bonne mère ? Je res- « terai à jamais votre débiteur. Dès mes plus tendres années, aussi « souvent que votre regard, votre vie, vos souffrances amères, la béné- « diction que, de vos mains maternelles, vous donniez à vos enfants, « le matin et le soir, et surtout vos constantes prières s'offraient à ma « vue, je sentais naître au fond de mon cœur le sentiment de la reli- « gion, sentiment que, dans la suite, nulle autre idée, nul doute, nul « attrait, nulle séduction, nul mauvais exemple, nulle souffrance, nulle « oppression, nul péché même ne furent capables d'effacer de mon « âme. Il vit encore, à l'heure qu'il est, et j'espère qu'avec la grâce de « Dieu, il y vivra jusqu'à ce qu'il plaise à mon Créateur de me rappeler « de ce monde ». (*Lettre du prince Alex. de Hohenlohe à sa mère*).

de ses jeunes enfants la précieuse semence dont nous ne tarderons pas à admirer les fruits.

Mais les parents ne purent bientôt plus suffire à l'éducation solide qu'ils ambitionnaient de procurer à leurs filles et à leur fils. Leur situation actuelle ne leur laissait plus, pour l'accomplissement de cette grande tâche, de suffisants loisirs. Le Lieutenant-Général était souvent pris par des inspections militaires qui eurent notamment l'avantage de nécessiter constamment auprès de lui la présence et le concours de son aide de camp. Or celui-ci était le commandant Pélissier, le futur maréchal, duc de Malakoff, que l'on vit à Lisle, durant deux années consécutives, à certaines époques où, les inspections étant provisoirement interrompues, la famille Blancard pouvait se rendre en Dauphiné et s'occuper plus particulièrement de ses intérêts agricoles. D'ailleurs, le Général y était appelé également quelquefois pour prendre part aux sessions du Conseil général de la Drôme, dont il était l'un des membres les plus distingués, les plus écoutés et les plus influents.

C'est ainsi que se formèrent ces relations de respect et d'amitié entre la famille Blancard et le commandant Pélissier qui, parvenu plus tard au sommet des grandeurs militaires, devait s'en souvenir si bien dans les débuts de la carrière de *Louis*, ainsi qu'il le nomma lui-même toujours.

L'enfant fut donc placé, comme externe, dans un

petit pensionnat de la capitale, et c'est alors surtout que commença pour lui, la parenté et la conformité de l'âge y aidant d'ailleurs, cette sorte de vie commune et d'union, pour ainsi dire fraternelle avec son cousin, M. René Bérenger, aujourd'hui sénateur et membre de l'Institut, qui, le 23 mars 1893, devant le cercueil du si regretté Baron, évoquait avec autant de charme que d'émotion ce lointain souvenir.

A quelque temps de là, le lieutenant-général baron Blancard avait abandonné tout commandement, et, dès lors, on le voyait chaque année, quittant Paris dès le mois de mai et emmenant avec lui à Lisle Mme la Baronne et Mlles ses filles. Louis, malgré son jeune âge, était laissé, non sans regret, mais sans inquiétude, à sa vie d'écolier ; car, d'une part, il recevait les leçons d'un « très dévot professeur de Louis-le-Grand » (1), et, de l'autre, en dehors des heures de classe, il demeurait confié aux soins vigilants et tendres de sa tante, Mme Bérenger de la Drôme, qui le remettait ensuite aux mains de sa famille, lorsque, le bien heureux temps des vacances venu, elle se rendait elle-même en Dauphiné, accompagnée de tous ses enfants (2).

---

(1) Mémoire déjà cité.

(2) Nous nous reprocherions de citer encore ici le nom de Madame Bérenger sans accorder une mention spéciale à sa vénérée mémoire. Tous ceux qui eurent l'honneur de la connaître savent combien sa physionomie toujours souriante et pleine d'affabilité était le fidèle miroir de son âme. Il y avait des trésors d'affection dans le cœur de

Après ces quatre mois de séparation, c'était une grande joie pour les parents de revoir leur fils et, comme on le pense bien, ils s'appliquaient à lui rendre aussi agréable que possible ce séjour d'août et de septembre à la campagne. Les journées n'étaient cependant pas exclusivement consacrées aux jeux, aux visites, aux excursions. Nous nous souvenons d'avoir entendu M. le Baron nous dire qu'une tâche de travail lui était imposée chaque matin et que, trois fois par semaine, on le conduisait à Crest, auprès d'un vicaire de la paroisse, pour la correction des devoirs. Ce vicaire était M. l'abbé Belle (Mathieu), qui devint plus tard curé-archiprêtre de Die et enfin chanoine titulaire de

---

cette noble femme, et cette affection, elle la témoigna toujours d'une façon singulière à son neveu Louis Blancard. Nos souvenirs personnels nous permettent de dire que souvent, durant les dernières années de sa vie, à cet âge où les vieillards, à l'exemple de l'apôtre bien-aimé S. Jean, répètent aujourd'hui ce qu'ils ont dit hier et tous les jours précédents, elle répétait elle-même ces mots qui furent toujours accueillis avec la plus reconnaissante satisfaction : « J'aime Louis comme « l'un de mes propres enfants........ Lorsque je reviens à Lisle, non « seulement j'éprouve la joie de me retrouver dans la maison où je « suis née et qui me rappelle toute ma première jeunesse ; mais aussi « celle de me retrouver avec un neveu pour lequel je sens toujours « avoir une tendresse de mère ».

Du reste, elle était payée de juste retour. Le neveu témoigna constamment à sa tante la plus vive affection. Dès qu'il apprenait le retour de Mme Bérenger à Champ-Rousset, propriété de famille située à quelques kilomètres au nord de Valence, où l'on venait habituellement passer l'automne, il ne tardait pas, accompagné de Mme la Baronne, dont les sentiments étaient à l'unisson de ceux de son mari, d'aller visiter cette chère tante, malgré la distance considérable qui l'en sépala Basilique Cathédrale de Valence, où il mourut en mai 1879.

Son élève lui garda toujours un reconnaissant souvenir des soins qu'il en avait reçus. Nous fûmes nous-même, à plusieurs reprises, de l'année 1872 à l'année 1876, l'entremetteur d'offrandes que M. Blancard envoyait à son ancien précepteur, pour coopérer aux œuvres paroissiales de Die. De son côté, M. Belle aimait à parler de l'intelligence précoce et du charmant caractère de l'enfant qui lui était confié durant deux mois de l'année.

C'est ainsi que Louis fut préparé à suivre les cours du célèbre Lycée royal.

L'âge de la première communion était venu. Pour le jeune Blancard, elle eut lieu le 9 juin 1842. Cette date est inscrite sur une petite et très modeste lithographie, car, à cette époque, on n'avait pas encore, même dans les familles les plus fortunées, laissé le

---

rait. Et lorsque les infirmités lui rendirent extrêmement difficile, sinon impossible, ce voyage, il n'en dissimulait pas sa peine. Mais, vaillante jusqu'à la fin, Mme Bérenger ainsi que ses enfants, venaient le voir, séjournaient même à Lisle durant des semaines entières, et, dans ces douces réunions de famille, il était heureux. Hélas ! c'est à Lisle, si nous ne nous trompons, que cette tante bien-aimée de tous, ressentit les premières atteintes du mal qui devait l'emporter. Le 11 janvier 1889, elle mourut à Viry, près Paris, à l'âge de 86 ans, et le chagrin qu'en éprouva le baron Blancard fut celui du plus affectueux des fils.

luxe se glisser jusque dans ces mémoriaux et dans ces souvenirs dont trop souvent aujourd'hui la valeur artistique ou matérielle contribue, plus qu'on ne pense, à détourner l'esprit des enfants des saintes pensées qui, seules, devraient les occuper aux approches du *grand jour*.

Cette modeste image, religieusement conservée par la famille, représente, selon l'usage le plus rationnel, l'intérieur d'une église. L'autel est orné de fleurs et de flambeaux, comme aux plus grands jours de fête. Le prêtre, ayant, à sa droite et à sa gauche, le diacre et le sous-diacre, distribue le Pain des anges à de pieux enfants agenouillés devant la sainte Table, avec ce souhait de tous le plus précieux et le plus magnifique : « *Que le Corps de Notre Seigneur Jésus-Christ garde votre âme jusqu'à la vie éternelle !* » Et l'on voit dominant toute cette sublime scène, une banderolle sur laquelle sont inscrits ces simples mots : « *Précieux souvenir, si vous êtes fidèle !* »

« Oh ! comme ces mots : *Précieux souvenir, si vous* « *êtes fidèle !* s'appliquent, s'imposent d'une manière « parfaite à celui qui est parti ! nous écrivait on quel- « ques jours après la mort du défunt. Cette chère « image ayant appartenu à notre frère bien-aimé « devient un souvenir qui semble planer sur son exis- « tence entière, couvrant, en quelque sorte, de la « pureté de ce premier acte, tous les actes de sa sainte « vie. Comme on voit mieux maintenant tout ce qu'il

« était, ce cher Louis ! Il semble que la mort ait idéa-
« lisé tout ce que nous voyions et savions de lui. »

Mais comment ce jeune enfant qui, vu la situation si élevée de son père, s'était déjà rencontré sans doute en présence des grandeurs et des majestés de ce monde, avait-il préparé sa première rencontre avec le Roi des rois, avec Dieu lui-même ? Nous pouvons en juger par ces quelques lignes tracées dans le précieux mémoire déjà cité : « Nous étions arrivées de bonne heure « dans la chapelle du lycée Louis-le-Grand, et, des « tribunes où nous étions placées, nous pouvions « suivre facilement tous les mouvements des enfants, « et je n'oublierai jamais l'émotion du *nôtre* qui était « tout en larmes en allant à la Table sainte. »

Cette émotion, ces larmes, témoignages de l'exquise sensibilité que nous lui avons toujours connue, étaient assurément l'indice de la foi vive et de l'amour ardent qui animaient Louis Blancard en ce jour dont il ne perdit jamais le « *Précieux souvenir* » et qui fut le premier de ces jours nombreux et fortunés où nous l'avons vu recevant la sainte communion avec une piété vraiment angélique.

Plus tard, il se reportait volontiers vers ce premier grand acte de sa vie qui avait eu pour témoin sa mère et ses sœurs. Elles avaient, cette année 1842, retardé plus que de coutume leur retour à Lisle, à cause de ce saint événement de famille. Son père avait été obligé de les y précéder. Mais ce vrai père n'avait point voulu cependant, comme, hélas ! tant de pères, à cette époque et malheureusement encore aujourd'hui, se désintéresser de la première communion de son fils qui, quarante et cinquante ans plus tard, disait : « Celui « qui me disposa le mieux à ma première com- « munion, ce fut mon père. Je me souviendrai toujours « que je reçus, à cette occasion et coup sur coup, deux « lettres de lui, extrêmement tendres et sérieuses. J'en « fus tout pénétré. »

Heureux enfant ! mais surtout heureux père, qui avait voulu ainsi s'unir à son épouse et au prêtre pour disposer un fils tendrement aimé à la réception du plus grand des sacrements de notre sainte Mère l'Eglise catholique ! Celui qui a promis de n'oublier jamais ce qu'on fait pour le corps, sans doute, mais, à plus forte raison, pour l'âme des petits d'entre les siens, devait, nous le verrons plus loin, l'en récompenser divinement. Outre le bonheur de laisser après lui, dans la personne de son fils, un homme de foi ardente et de vertu souvent héroïque, il eut celui de recevoir lui-même, à l'heure de la mort, de la bouche de deux éminents religieux, le P. de Ravignan et le P. de Ponlevoy, les consolations suprêmes et, de leurs mains, le Viatique adorable d'une glorieuse éternité. Car, S. Jean Chrysostôme commentant l'une des plus belles et des plus consolantes pages de l'Evangile, a dit : « *Hinc si « sacrificio muniti migrabimus, maximâ cum fiduciâ « sanctum ascendemus vestibulum* ; si nous quittons

« cette vie, munis des sacrements, ayons pleine con-
« fiance que nous ne tarderons pas à faire notre entrée
« dans les tabernacles éternels. »

Nous venons de voir dans quelles dispositions Louis Blancard reçut, pour la première fois, le gage de son éternelle vie. Disons déjà cependant qu'arrivé à l'âge d'homme, ayant pris l'habitude de raisonner tous ses sentiments comme tous ses actes, doué de cette délicatesse extrême de conscience qui allait même parfois jusqu'à révéler une propension très marquée au scrupule, tant il lui semblait, dans son humilité, être toujours loin de cet idéal de perfection qu'il eût voulu atteindre, il en vint à regretter amèrement de n'avoir pas mieux fait sa première communion : « Je ne « comprenais pas alors suffisamment, a-t-il répété souvent, la grandeur et la portée de cet acte. » Et ce fut l'un des tourments de sa vie, à ce point qu'il se résoudra un jour, étant capitaine d'artillerie, en garnison à Valence, à reprendre l'étude du catéchisme comme un enfant et à vouloir faire une nouvelle première communion.

C'est sous l'impression du même sentiment que, plus tard encore, il portera envie à tels autres enfants, placés dans des conditions lui paraissant plus favorables que celles dans lesquelles il s'est trouvé lui-même, et, de ses neveux et petits-neveux, préparés à la première communion par les RR. PP. Jésuites dans les colléges de Mongré et de Vannes, il dira un jour, avec une expression de joie et de tristesse, tout à la fois : « Sont-ils heureux, ceux-là ! »

Un jour, nous ne pouvons préciser de date, mais c'était peu de temps après l'apparition de la magnifique *Vie du général de Sonis*, par Mgr Baunard, selon son habitude, il avait établi son camp-volant à l'entrée de la grande allée de Lisle. Il était assis sur l'un des fauteuils rustiques, rangés chaque jour d'été au pied du premier de ces arbres si élevés, si touffus, qui forment l'allée. Sur une petite table, placée à côté de lui, se trouvaient les journaux du jour, protégés contre le vent par un presse-papier en marbre. Nous arrivâmes sur ces entrefaites et nous n'eûmes pas de peine à comprendre qu'il y avait quelque trouble dans son âme. Il ne tarda pas, du reste, à nous en faire connaître la cause : « Voici l'histoire de Sonis, dit-il, en mon-
« trant le volume qu'il tenait dans la main ; quelle
« vie que celle-là, et dès le commencement ! Ecoutez
« plutôt ». Et rouvrant le volume à la page pour laquelle un doigt servait de signet, il lut les lignes suivantes :

« L'instruction religieuse, écrit-il encore (de
« Sonis), était à Stanislas l'objet de soins tout parti-
« culiers ». Et interrompant sa lecture : « Je ne puis
« pas dire qu'il en fût de même à Louis-le-Grand ».
Puis il poursuit : « J'y pris un grand goût et mes

« dispositions pour la piété ne tardèrent pas à se « développer. Je me souviens que, tous les soirs, en « arrivant au dortoir, je me mettais à genoux au pied « de mon lit, et je restais longtemps en prières. Mon « confesseur, l'abbé Le Blanc, sous-directeur du petit « Collége, me fit tout de suite admettre dans la « Congrégation ». — « Au lycée, il n'en était pas « question ». — Elle avait pour directeur l'abbé « Buquet, plus tard vicaire-général de Paris, prêtre « très zélé et très pieux. Sous l'influence des bons « exemples que j'y trouvai, et sous l'action d'une « grâce toute particulière, je ne tardai pas à faire de « grands progrès dans la piété. Enfin, quoique je « n'eusse que dix ans, je fus admis à la première « communion. »

Ce fut un lever de soleil sur sa vie que cette action sainte : « Je m'y préparai avec la plus tendre dévotion « et j'accomplis ce grand acte avec un sérieux au-« dessus de mon âge, avec une foi et un amour de « Dieu ardents. J'apportai à la sainte Table mon « innocence baptismale ». Puis s'attendrissant, s'exal-« tant devant cette image sacrée : « Délicieux souve-« nirs de ma première communion, je ne vous ai « jamais perdus ! Vous êtes un baume qui avez consolé « les mauvais jours de ma vie. Vous vous représentez « en foule à ma mémoire, et, à cette heure même si « je laissais courir ma plume, je remplirais bien des « pages de tant de pieuses pensées qui oppressent mon

« cœur. J'ai toujours cru fermement que cette pre-
« mière communion avait été la bénédiction de ma
« vie » (1).

Lorsqu'il termina la lecture de cette citation ses yeux étaient pleins de larmes : « Et moi aussi, dit-il « en fermant le volume, si je laissais courir ma « plume, je remplirais bien des pages, mais pour « dire mon regret de n'avoir pas mieux compris. « Non, je ne comprenais pas suffisamment. Ce sou- « venir de ma première communion me laisse sans « remords, car j'avais fait ce que j'avais pu ; mais il « me laisse sans joie, parce que, sans doute, je n'avais « point fait tout ce qu'il eut fallu faire ». Et sur cette observation que « qui fait ce qu'il peut, fait ce qu'il « doit » et que même jamais nous ne pouvons espérer, lorsqu'il s'agit de la sainte communion, quelles que soient nos dispositions, faire tout ce qu'il faudrait faire, puisqu'il y a toujours entre l'âme et Dieu la distance du fini à l'infini ; que, d'ailleurs, Dieu, en se donnant à nous, considère moins notre dignité que nos besoins et qu'il tient compte surtout de notre bonne volonté à lui offrir des dispositions sinon parfaites, du moins essentielles : « Oh ! ces dispositions « essentielles, dit-il, je les avais bien, je crois; mais « aujourd'hui, je serais si heureux d'avoir fait une

(1) *Le général de Sonis,* d'après ses papiers et sa correspondance par Mgr Baunard, 36e édit. p. 13.

« première communion comme celle de Sonis ! Il est « vrai, ajouta-t-il, que je n'aurais pas eu plus tard « la pensée d'accomplir un acte dont j'espère qu'il « me sera tenu compte et dans lequel Dieu aura vu « une réparation, si réparation était nécessaire ». C'est alors qu'il nous raconta, avec une simplicité et une humilité touchantes, un trait de sa vie que nous insinuons plus haut et que nous ferons connaître plus en détail dans la suite de cette histoire.

CHAPITRE DEUXIÈME

SOINS DONNÉS A L'INSTRUCTION ET A L'ÉDUCATION DE LOUIS BLANCARD. — SES SUCCÈS DANS LES ÉTUDES. — L'ÉCOLE POLYTECHNIQUE. — SON PREMIER CHAGRIN.

(Juin 1842. — Décembre 1851).

Louis Guy, sa première communion faite, continua de suivre les cours du Lycée. Il était élève externe.

L'externat, dans les conditions de surveillance attentive et de travail qui étaient observées, avait été conseillé par les chefs même de cet établissement (1) au Général Baron et à Madame la baronne Blancard qui pouvaient retrouver ainsi, chaque jour, leur fils et lui assurer, en même temps qu'une brillante instruction, l'inappréciable bénéfice de la vie de famille. Car, soit

---

(1) Mémoire cité : « Les proviseurs du Collége s'étaient déclarés impuissants à empêcher, parmi les internes, tous les mauvais contacts et conseillaient aux parents qui pouvaient garder leurs enfants de se contenter de les envoyer aux cours. »

que le jeune Louis fut, durant la plus grande partie de l'année, sous le regard de son père et de sa mère, soit que, pendant quelques mois, ainsi que nous l'avons dit dans le précédent chapitre, il demeurât confié aux soins de son oncle et de sa tante, M. et Mme Bérenger de la Drôme, il avait l'immense avantage de se trouver entre des mains sûres et habiles pour ce grand et si délicat travail de sa formation, tant morale que physique.

Il recevait donc, d'une part, les leçons de maîtres éminents, sans courir les dangers que des proviseurs consciencieux se déclaraient eux-mêmes impuissants à écarter, et, de l'autre, il trouvait dans sa propre famille les éléments indispensables à tout enfant pour devenir un homme vertueux ; dans les deux réunis, au collége et dans la maison paternelle : « l'instruc-« tion, l'esprit religieux, la discipline, l'obéissance, « le travail, une autorité paternelle aimante, ferme, « la prudence et l'amour dans le commandement, « le bon exemple, l'exhortation, la correction, le « reproche, la récompense, enfin tous ces éléments « premiers et essentiels de l'éducation (1). »

Puisque nous touchons à ce grave sujet de l'éducation, qu'il nous soit permis de reproduire ici une page qui date de plusieurs siècles et paraît écrite pour

---

(1) *L'hypnotisme et l'éducation*, par M. Elie Blanc ; livraison d'août 1892, p. 544 de l'*Université catholique*.

ouvrir les yeux, aujourd'hui encore, à tant de parents qui ne comprennent pas avec quel discernement ils doivent choisir les maisons d'éducation auxquelles ils confient leurs enfants, lorsqu'ils ne peuvent employer l'externat. C'est le grand S. Anselme qui parle : « Dites-moi, si dans votre jardin vous plantiez un « arbuste et que vous l'enfermiez de toutes parts dans « un cercle si étroit qu'il lui fût impossible d'étendre « ses rameaux ni à droite ni à gauche ; après un cer- « tain nombre d'années, quand vous dégageriez ce « malheureux captif, quel arbre auriez-vous sous les « yeux ? un tronc rabougri, couvert de nœuds, de « rugosités, sans verdure ni feuillage. C'est pourtant « ce que vous faites, ô pédagogues, de ces chers « enfants que Dieu voulait planter dans le champ de « son Eglise, pour les y faire croître et fructifier ! « Vous les renfermez dans un tel système de terreurs, « de menaces, de punitions humiliantes, qu'ils ne « trouvent d'expansion d'aucun côté et n'ont jamais « la liberté d'eux-mêmes. Sous cette oppression inin- « telligente, leur âme se ferme comme en un retran- « chement intérieur où elle se nourrit de pensées « funestes, de désirs malsains, d'aspirations sinistres. « Ne sentant autour d'eux ni amour, ni tendresse, « ni bienveillance, ils vous prennent en horreur ; « leurs espérances d'avenir sont toutes de haine, « d'impiété, de vengeance.

« Avec cette lamentable méthode, à mesure qu'ils

« croissent en âge, la crainte servile, l'envie, tous les « soupçons croissent en eux contre vous. Courbés « sous la terreur, enclins à tous les vices, ils n'ont « qu'une préoccupation, celle de déjouer vos efforts, « de tromper votre surveillance, qu'un seul désir, « celui d'être débarrassés de vous pour entrer dans « le monde. »

Et l'illustre docteur ajoute encore : « Avez-vous « jamais vu un ciseleur réussir à entailler dans « l'argent ou l'or, uniquement à coups de marteau, « une statue ou un bas-relief ? Je ne le suppose pas. « Que fait-il donc ? Pour disposer le précieux métal « à recevoir la forme projetée, il l'assouplit avec ses « instruments ; puis, d'une main légère, il affaiblit « les saillies, creuse les ondulations et donne à tout « un poli achevé. Ainsi devez-vous façonner les « enfants pour leur donner l'ornement des bonnes « mœurs. Sans doute, il faut faire disparaître les « saillies par une sage correction ; mais il n'est pas « moins nécessaire de prodiguer à ces natures encore « si délicates les soins et la tendresse d'un amour « tout paternel. Je dis la tendresse, car ce sont de « tendres êtres qu'il faut nourrir de lait, réservant « une nourriture plus solide pour un âge plus « avancé ». (1).

---

(1) Voir l'*Histoire générale de l'Eglise catholique*, par l'abbé Darras, tom. XXIV, pages 107 et 108.

Ces soins, ces tendresses d'un amour tout paternel, comme cette sage correction, dont parle S. Anselme, Louis Blancard eut donc l'avantage de les trouver longtemps encore dans sa propre famille. Son âme s'élevait et se fortifiait au Collége par la formation intellectuelle ; au foyer paternel, par la formation morale et religieuse.

On n'était d'ailleurs qu'au lendemain de ce jour où un homme d'Etat illustre avait fait entendre, à la tribune de la Chambre des Députés, et au milieu d'applaudissements unanimes, ces paroles mémorables qui, soit dit en passant, sont la condamnation formelle du pernicieux système de la neutralité dans les écoles : « L'instruction morale et religieuse, avait « proclamé Guizot, n'est pas comme le calcul, la « géométrie, l'orthographe, une leçon qui se donne « en passant, à une heure déterminée, après laquelle « il n'en soit plus question. La partie scientifique est « la moindre dans l'éducation. Ce qu'il faut, c'est que « l'atmosphère générale de l'école soit morale et « religieuse. Je le répète, il s'agit ici d'éducation « encore plus que d'enseignement. Messieurs, prenez « garde à un fait qui n'a jamais éclaté avec autant « d'évidence que de notre temps ; le développement « intellectuel, quand il est uni au développement « moral et religieux est excellent ; mais le dévelop- « pement intellectuel tout seul devient un principe « d'orgueil, d'insubordination, d'égoïsme et, par

« conséquent, un principe de ruine pour la famille et « pour la société. » (1).

Un si noble et si indépendant langage traduisait exactement la pensée du Général et de sa digne épouse. Aussi, de bonne heure, comme nous l'avons constaté, avaient-ils inculqué à leurs enfants la pensée d'un « Dieu qui est partout, qui voit tout, qui entend « tout », en même temps, qu'ils leur apprenaient « les premiers éléments de bien des choses ». De même, obligés de confier leur fils aux leçons d'un précepteur, ils avaient choisi de préférence « un très dévot professeur de Louis-le-Grand ». Et aujourd'hui même, bien que Louis suive le cours d'instruction religieuse, donné par l'aumônier du Lycée, il reçoit encore, chaque jour, de la bouche de sa vertueuse et intelligente mère, cet enseignement chrétien sans lequel, suivant le mot de Léon XIII, « toute culture « des intelligences restera une culture malsaine, parce « que des jeunes gens auxquels on n'aura point ins- « piré la crainte de Dieu, ne pourront supporter « aucune des règles desquelles dépend l'honnêteté de « la vie ; ne sachant rien refuser à leurs passions, « ils se laisseront même facilement entraîner à jeter « le trouble dans l'Etat » (2).

Et qu'on ne pense pas que la très large part faite à

---

(1) Guizot, discours prononcé à la Chambre des Députés en 1833.

(2) Encyclique du Pape Léon XIII aux Evêques de France, janvier 1884.

la formation morale et religieuse de cet enfant entravât ses progrès dans les connaissances purement naturelles. Ses parents avaient à cœur également et autant que n'importe quel père, d'en faire un homme instruit. Rien ne fut négligé pour cela. D'ailleurs Louis Blancard était bien doué. Sa mémoire était facile, son esprit réfléchi et judicieux. Aussi, à quinze ans, passait-il pour l'un des bons élèves de Louis-le-Grand. A seize ans, il fut bachelier.

En 1846, nous le trouvons suivant, comme externe d'abord, ensuite pour la première fois comme interne, ses études préparatoires à l'Ecole polytechnique ; car son rêve est d'embrasser, à son tour, la carrière des armes.

Tout fait présager, d'ailleurs, que comme son père, il sera, plus tard, un officier distingué et vaillant. Cette vaillance, le nom qu'il porte, les récits qu'il entend, l'éducation forte qu'il a reçue la lui enseignent chaque jour. Quant à l'instruction, il en témoigne déjà d'une façon non équivoque, puisqu'il remporte un prix de mathématiques au grand concours, et dans l'établissement auquel il a été confié, professeurs et élèves le classent couramment parmi les trois premiers. Son admission est regardée comme certaine, bien qu'à cette époque les portes de l'Ecole polytechnique ne s'ouvrent pas, chaque année, à deux cent cinquante jeunes gens, comme aujourd'hui, mais seulement à quatre-vingt-dix, qui sont comme une véritable sélection parmi les plus méritants. Et du reste, après quarante ans écoulés, il suffit de se reporter à la liste des survivants pour constater que la grande majorité de ceux qui furent compris dans les diverses promotions d'alors figurent avec honneur dans les plus hautes positions de l'Etat.

L'examen eut lieu. Sept élèves de l'établissement où s'était faite sa préparation immédiate le subirent avec succès, et lui, réputé l'un des trois premiers parmi ses nombreux camarades, eut un échec.

Ce fut une déception amère, d'autant plus qu'ayant dépassé l'âge de vingt ans, à la date des examens nouveaux, il ne pouvait plus concourir dans les mêmes conditions ; mais seulement comme soldat.

Toutefois, il n'est pas de nature à se décourager. Autour de lui, ceux qui le connaissent plus parfaitement attribuent son échec, non point à des causes essentielles, mais à une de ces surprises, de ces émotions vives qui paralysent si fréquemment dès facultés brillantes, contraintes de se manifester pour la première fois devant des juges et dans une circonstance solennelle et décisive.

Une seule porte lui restait ouverte, celle d'un engagement volontaire; il n'hésita pas. Ses états de service le signalent, en effet, à la date du 13 janvier 1850, comme engagé volontaire au 1er régiment de lanciers. Il suivit de nouveau des cours préparatoires où il ne cessa de figurer aux premiers rangs et, après quelques mois, il vit enfin se réaliser le rêve de toute sa première jeunesse et celui du vieux Général, son père. Il était élève de l'Ecole polytechnique à la rentrée de cette même année, 1er novembre 1850.

Il ne nous est pas revenu qu'il y ait jamais contracté de très intimes amitiés ; mais ce qu'il nous est permis de dire, sur le témoignage de plusieurs, c'est qu'il y gagna bientôt l'estime et l'affection de toute cette jeunesse d'élite à laquelle il se trouva uni. On admirait en lui une éducation parfaite, une tenue jamais prétentieuse, mais toujours digne, un cœur excellent, des connaissances très variées, une merveilleuse facilité d'élocution avec ce don rare d'avoir toujours à son service l'expression la plus propre à traduire sa pensée, un esprit fin et large en même temps, un jugement toujours sûr, parce qu'il n'était jamais précipité et ne se traduisait qu'après le temps d'une suffisante réflexion, en un mot, toutes ces qualités précieuses qui se développant de plus en plus avec l'âge, l'étude et l'expérience, en ont fait l'homme accompli que nous avons connu.

Avec lui se trouvèrent à l'Ecole polytechnique la plupart des grands chefs actuels de notre armée française, notamment le Général de Miribel, chef d'état-major général, dans une promotion postérieure, et dans sa propre promotion, les généraux Jamont, Voisin, Pierron, de Vaulgrenant, Zagger, de Mornac, Peaucellier, Ladvocat, ainsi que l'excellent général de

Maillier, gouverneur de la place de Toulon, que le Baron Blancard eut la joie de revoir bien peu de temps avant de mourir et à l'obligeance duquel nous devons la plupart des détails que nous venons de signaler. (1).

C'est à cette époque de la vie du Baron Blancard que remonte un deuil de famille qui lui fut extrêmement douloureux et que nous ne saurions omettre dans ce récit, malgré le très pénible retentissement qu'il produira de nouveau dans le cœur des membres survivants de sa famille.

Ses trois sœurs étaient mariées depuis quelques années. A la plus jeune, Mlle Sophie-Félicie-Mina, avait semblé échoir la plus douce part, puisque son mariage lui avait épargné les grands sacrifices que mentionne l'Evangile. Elle ne s'était, pour ainsi dire, point séparée ni de son père, ni de sa mère, ni de son pays, à peine de sa maison natale. Depuis son union avec M. Gustave Girardon, riche propriétaire de la contrée, doublé d'un véritable artiste, elle habitait Vincinty, ravissante résidence, située sur la rive gauche de la Drôme, presque en face de Lisle, où, comme nous l'avons déjà dit, ses parents bien-aimés, le Général et Mme la baronne Blancard, passaient la plus grande partie de l'année.

---

(1) Nous prions de nouveau ici l'obligeant Général de Maillier de vouloir agréer l'expression de notre vive reconnaissance pour les précieux renseignements qu'il nous a fait l'honneur de nous fournir.

Or, de ce dernier mariage naissait un second enfant (1), en même temps qu'éclatait le fameux coup d'Etat de décembre 1851.

On le sait, la nouvelle de ce coup d'Etat, longtemps médité et hardiment accompli par le prince Louis Napoléon, avec le duc de Morny pour principal instrument, avait soulevé l'agitation la plus vive dans la Capitale et dans la France entière.

« Aux nouvelles arrivées des départements, écrivait « deux ans plus tard M. de la Guéronnière, un mou- « vement unanime de douleur et d'indignation avait « éclaté dans Paris. La Jacquerie venait de lever son « drapeau. Des bandes d'assassins parcouraient les « campagnes, marchaient sur les villes, envahissaient « les maisons particulières, pillaient, brûlaient, « tuaient, laissaient partout l'horreur de crimes abo- « minables qui nous reportaient aux plus mauvais « jours de la Barbarie. Ce n'était plus du fanatisme, « comme il s'en trouve malheureusement dans toutes « les luttes de parti ; c'était du cannibalisme, tel que « les imaginations les plus hardies auraient pu à « peine le supposer ». (2).

Il n'est pas dans notre cadre évidemment de suivre

---

(1) Ce second enfant était M. Pierre Girardon, actuellement propriétaire de Vincinty et directeur général de l'Œuvre de la *Propagation de la Foi*, dans le diocèse de Valence.

(2) La Guéronnière, *Bibliographies politiques. Napoléon III*, pages 176-177.

cette formidable insurrection sur tous les points de notre pays, ni même sur tous les points de ce département de la Drôme qui avait tressailli, comme frappé d'une violente secousse électrique, à la nouvelle de la dissolution de l'Assemblée nationale. Dans une multitude de communes, la grande préoccupation fut aussitôt de se préparer au combat. Sans songer même à faire la chose dans le mystère, on se procurait des armes, on achetait de la poudre et l'on fondait des balles.

A Grâne, forte commune du canton de Crest-Sud, les passions furent surexcitées plus qu'ailleurs, l'agitation fut immense.

En ce moment, le vénérable abbé Forget, aidé du pieux concours de M. le Curé de Montéléger, y donnait les exercices d'une mission. Les insurgés, promptement groupés, au nombre de plusieurs centaines d'hommes, auxquels est venu impudemment s'adjoindre un groupe considérable de femmes (1), s'empressent

(1) « Les femmes, disait à quelque temps de là l'abbé Forget, dans « une lettre publiée par divers journaux, étaient plus exaltées encore « et plus furieuses que les hommes. Elles nous injuriaient et applau- « dissaient à notre arrestation, disant que c'était bien fait ». Tant il est vrai que la femme devient toujours ce qu'il y a de pire quand elle cesse d'être ce qu'il y a de meilleur, suivant la remarque opportune que nous trouvons dans le premier numéro du journal *La Vérité*, au moment où nous écrivons ces lignes. C'est une femme qui essuya courageusement le visage meurtri du Sauveur ; mais c'est une femme qui provoqua le reniement de Pierre. Ce sont des femmes qui, dans la Rome des Catacombes, secouraient les Apôtres et recueillaient le

d'accomplir un premier et triste exploit. Ils envahissent le presbytère, s'emparent avec violence du vieux curé de la paroisse, de son vicaire, M. l'abbé Thézier et des deux missionnaires qu'ils entraînent sur la place publique, au milieu de cris, d'injures, de menaces du plus sinistre augure. Puis, s'étant formés en une sorte de cohorte, véritable reproduction de celle qui avait saisi Jésus au jardin des Olives pour le conduire devant les tribunaux de Jérusalem, ils prennent la direction de Crest.

Voici leur plan de campagne : une fois à Crest, ils se joindront aux insurgés qui doivent déboucher de toute la région montagneuse du Diois, ainsi que de Saou, de Bourdeaux, de Dieulefit et même d'un grand nombre de communes de l'arrondissement de Nyons. Avec raison ils considèrent la ville de Crest comme un point stratégique important, puisque la majeure partie des insurgés doit nécessairement s'y trouver bientôt rassemblée à cause de la jonction des routes. Leur projet est d'occuper d'abord la haute et solide tour carrée, qui domine, en cet endroit, toute la vallée. Installés dans cet imprenable poste, ils seront maîtres de la place et de tous les environs. Ils mar-

---

sang des martyrs ; des femmes qui portèrent aux otages de la Roquette leur dernier Viatique ; mais ce sont des femmes aussi qui, en bandes féroces, pénétraient, l'insulte aux lèvres, dans le palais de Versailles ou s'asseyaient sacrilègement sur l'autel de Notre-Dame, profanant le temple de Dieu, après avoir souillé la demeure des rois.

cheront ensuite sur Valence dont ils s'empareront de même, assurés qu'ils sont de faire, pour ce grand coup, de nouvelles recrues, les unes à Allex et à Livron, les autres à Montmeyran et à Valence, d'autres enfin à Chabeuil et dans toutes les communes environnantes. Ils comptent, d'ailleurs, sur les renforts qui leur viendront de Montélimar, de Loriol et de la populeuse région située au nord du chef-lieu du département.

Mais ils comprennent sans peine que pour réaliser ces projets, il faudra combattre et peut-être bientôt. Alors il leur vient une pensée, pensée, on en conviendra, qui honore médiocrement leur courage ; mais qui dénote, chez eux, la persuasion que leurs adversaires garderont les sentiments de l'humanité et ne voudront pas sacrifier des innocents. Ils placent donc les prêtres otages, ainsi que plusieurs laïques honorables qui, pour ces forcenés, sont des suspects, en tête de la colonne, afin de les faire marcher devant et de s'en servir comme d'un rempart.

C'est en cet ordre, ou plutôt, dans ce désordre, qu'on se mit en marche, en remontant la rive gauche de la Drôme. A Chabrillan, de gré ou de force, on fit de nouvelles recrues. La bande des insurgés, armés de fusils, d'épées, de haches, de fourches, de faulx, de bâtons, comptait déjà six ou sept cents hommes. On sonnait le tocsin ; les tambours battaient ; on tirait des coups de feu pour faire l'essai des fusils, des pistolets rouillés, des brillants revolvers. Le tumulte était effroyable, lorsqu'on se trouva en face de Vincinty. Les cris, les blasphèmes, les menaces, le cliquetis des armes arrivèrent-ils jusqu'aux oreilles de Mme Girardon ou bien une personne, sans être mal intentionnée, mais assurément fort indiscrète et inconsidérée, lui révéla-t-elle ce qui se passait au dehors ? Toujours est-il que la jeune mère crut voir déjà son mari et peut-être ses deux petits enfants en danger. Elle fut saisie d'épouvante et, à quelques jours de là, elle mourait à l'âge de vingt-cinq ans, des suites de sa frayeur. (1).

Une mort si imprévue et dans des circonstances si cruelles consterna au-delà de toute expression, cela est facile à comprendre, le vieux Général et Mme la baronne Blancard. Leur fille aînée, Mme Scipion Périer, habitait St-Omer, à l'autre extrémité de la France. Informée de l'affreux malheur, elle partit aussitôt, ne pouvant supporter la pensée d'être loin de ses inconsolables parents et voulant, sinon porter remède, du moins s'associer à leur désolation. Profitant d'un court arrêt à Paris, en toute hâte, elle se rendit à l'Ecole polytechnique et annonça la triste nouvelle à son frère Louis.

---

(1) Pour plus de détails sur cette insurrection et pour en connaître l'issue, voir : *La Province en décembre 1851*. Etude historique sur le coup d'Etat, par Eugène Ténot ; consulter également le rapport très complet du Général Lapène, qui commandait alors à Valence : *Moniteur, numéros des 21 et 22 décembre 1851*.

Impossible de décrire la douleur du jeune homme. A tout prix il voulait revenir lui-même en Dauphiné ; il ne pouvait consentir à ne plus voir cette chère sœur défunte ; peut-être, en partant de suite, disait-il, lui serait-il possible de l'embrasser encore une fois ; il demandait au moins de s'unir de plus près à l'immense affliction de son père, de sa mère et de son malheureux beau-frère.

Les règlements de l'Ecole s'opposaient à une sortie et, à plus forte raison, à une absence de plusieurs jours. Il fallut bien se résigner à ne point quitter Paris.

Ce triste événement fut le premier des cuisants chagrins et des deuils qui, de distance en distance, devaient contribuer au brisement hâtif de sa vie.

CHAPITRE TROISIÈME

METZ. — MORT DU GÉNÉRAL BARON BLANCARD. — CHAPELLE MORTUAIRE DE LA FAMILLE DANS LE CIMETIÈRE D'ALLEX. — VALENCE. — VINCENNES. — CAMPAGNE DE CRIMÉE.

(*Octobre 1852. — Septembre 1855*).

La série des épreuves venait de commencer.

Nous avons raconté le déchirement de cœur auquel Louis Blancard se trouva soumis par la mort de sa plus jeune sœur, Madame Girardon.

L'année précédente, six semaines de fièvre typhoïde l'avaient tenu à plat de lit. Cette maladie, suivie d'une lente convalescence, avaient entravé la marche régulière de ses études. Aussi quitta-t-il l'Ecole polytechnique, descendu à un rang notablement inférieur à celui d'entrée. Les règlements lui donnaient sans doute la faculté de faire une troisième année d'école. Il préféra ne pas soumettre une santé toujours délicate à cette nouvelle épreuve d'un régime et d'exercices qui lui avaient trop peu réussi et garder le modeste rang auquel l'avait condamné la malice des circonstances. Cette détermination ne devait point lui nuire, du reste ; ses connaissances déjà acquises, ses brillantes facultés et de puissants appuis lui ouvraient une voie facile dans la carrière si désirée des armes. L'important était qu'il ne fût point trahi par des forces physiques insuffisantes. Quelques mois passés dans sa chère vie de famille, soit à Paris soit à Lisle où il retrouvait l'air natal, le repos, les distractions, lui furent très salutaires.

A la date du 1er octobre 1852, il est à Metz, sous-lieutenant élève d'artillerie à l'école d'application de l'artillerie et du génie. C'est dans cette ville, où il devait revenir plus tard, à l'époque de son mariage, qu'il fit son premier apprentissage de la vie de garnison. Il y était depuis fort peu de temps et déjà il se révélait comme un officier distingué de toute façon. Son nom, la grande notoriété de son père lui facilitaient son entrée en relations avec la société de Metz ; mais, en même temps, lui venaient, de Paris, de pénibles nouvelles. Au commencement de 1853, le vieux Général était gravement malade. Le jeune sous-lieutenant obtint une permission. Quelle joie pour le vieillard de voir son fils portant des épaulettes ! Hélas ! ces épaulettes ne devaient pas tarder à briller derrière un cercueil.

Le 4 avril 1853, le Général Blancard rendait son

âme à Dieu, à l'âge de 79 ans. Comme nous l'avons déjà dit, il fut préparé à la mort par deux éminents Religieux de la Compagnie de Jésus, le Père de Ravignan et le Père de Ponlevoy. Une parole, prononcée plus tard, nous fait suffisamment connaître quelle fut l'affliction de son fils : « Il faut avoir passé soi-même « par un tel chagrin pour le bien comprendre et pour « y compatir pleinement. Comme vous, je n'avais que « vingt-quatre ans lorsque mon père mourut; je fus « désolé ; mais il était mort très chrétiennement, « comme le vôtre, et je trouvai une grande consola- « tion dans cette pensée. » Il parlait ainsi à un jeune compatriote d'Allex qui ne devait pas tarder lui-même à faire la même fin chrétienne.

La religion seule, en effet, est capable de nous consoler dans nos deuils, surtout lorsque nous avons l'espérance fondée qu'elles se réalisent pour nos défunts, ces paroles que la sainte liturgie catholique met sur les lèvres du prêtre dans la célébration de la messe des morts : « Pour ceux qui meurent dans « votre foi, ô Seigneur, c'est le changement ; mais « non la destruction de la vie ; car, en échange de « cette demeure terrestre et si passagère qu'ils avaient « ici-bas, vous leur accordez une éternelle demeure, « auprès de vous, dans les cieux » (1).

---

(1) « *Tuis enim fidelibus, Domine, vita mutatur, non tollitur, et dissolutâ terrestris hujus habitationis domo, æterna in cœlis habitatio comparatur.* — Préface de la messe des morts.

Cette consolante et sainte pensée remplit si bien l'âme du jeune officier, en ces douloureuses circonstances, qu'annonçant la triste nouvelle à quelques membres de sa famille, il n'hésita pas, quoiqu'ils fussent protestants, à accentuer sa joie d'avoir vu mourir en fervent catholique ce père vénéré.

Les restes du Général, dont la glorieuse carrière s'était terminée si chrétiennement, reposent dans la chapelle mortuaire que possède la famille Blancard dans le modeste cimetière d'Allex. Deux plaques de marbre noir sont dressées parallèlement à droite et à gauche d'un petit autel entretenu avec un soin parfait. Sur celle de droite, on lit ces mots :

« *Amable Guy B*[on] *Blancard*
« *24 août 1774. 4 avril 1853* »

Les noms, la date de la naissance, celle de la mort ; et c'est tout. Il en est ainsi, d'ailleurs, pour tous les défunts déjà nombreux qui reposent en ce lieu de sépulture où tant de messes ont été célébrées jusqu'à ce jour, où tant de fois le saint exercice du Chemin de la Croix a été fait, où tant et de si ferventes prières ont été récitées, tant de larmes versées, tant de fleurs déposées.

Cette humble chapelle, tant dans sa construction que dans ce qui s'y pratique avec une salutaire et touchante fidélité, depuis quarante ans, semble reporter l'âme à quinze siècles en arrière et rappeler à la mémoire du visiteur pieux les pressantes recommandations que saint Ephrem mourant adressait à ses nombreux disciples :

« Je vous en supplie, leur disait-il, ne m'élevez pas « de monument sépulcral somptueux. Votre fidèle « amour est le seul souvenir que je désire. Procurez-« moi plutôt des intercesseurs auprès de Dieu dans la « personne des pauvres, des veuves et des orphelins. « Evitez de graver, à mon sujet, de flatteuses ins-« criptions dans vos églises ; mais multipliez les « prières, les psaumes, les cantiques, pour implorer « en faveur de mon âme la miséricorde divine. Offrez « surtout au Seigneur pour moi l'auguste Sacrifice. « Sous l'ancienne loi, les prêtres avaient le privilège « de purifier de toutes les souillures ; comment ceux « de la loi nouvelle n'auraient-ils pas la puissance « d'effacer, par l'oblation du corps et du sang de Jésus-« Christ, tous les péchés des défunts ? » (1)

Avant de faire désormais le silence, dans cette histoire, sur le nom du Général Blancard, ajoutons encore que s'il eut fallu décorer son tombeau d'une élogieuse inscription, avec raison on eut pu graver sur le marbre, en même temps qu'on y aurait mentionné sa glorieuse carrière militaire, ces mots que sainte Thérèse,

---

(1) Citation de l'abbé Darras, *Histoire génér. de l'Eglise*, tom. x, p. 421.

écrivant sa propre vie, consacrait à la mémoire de son noble père, Alphonse de Cépéda :

« Pour devenir bon, il eut suffi de le voir et de l'en-« tendre. Mon père était homme de grande bienveil-« lance pour tous, de généreuse charité envers les « pauvres, plein de compassion pour les malades et « d'égards pour ses serviteurs. Il se plaisait dans la « lecture des bons livres et n'en avait que d'excellents « à l'usage de ses enfants. Jamais on ne l'entendit « médire. Son langage était la sincérité même et sa « vie entière la vertu et l'honneur » (1).

Après avoir rendu les derniers devoirs à son père et s'être associé, pendant quelques jours encore, à la profonde douleur de sa mère et de ses sœurs, le sous-lieutenant repartit pour Metz, où il demeura jusqu'à l'automne de 1854.

Il fut envoyé alors à Valence, mais n'y passa que

(1) *Vie de sainte Thérèse par une Carmélite,* tom. 1. p. 9. Quand on entre dans le grand salon de Lisle par l'une des deux portes qui s'ouvrent sur la terrasse du midi, on a devant soi le portrait du Général Blancard. C'est une toile qui n'est pas sans valeur artistique, mesurant environ un mètre en hauteur et quatre-vingts centimètres en largeur. Le Général est représenté en uniforme, avec sa croix de Commandeur et les bras croisés. Il accuse soixante-cinq, peut-être soixante-dix ans, et l'expression de sa physionomie est celle de l'intelligence unie à une grande bonté. On reconnait facilement en lui le père de celui dont nous retraçons la vie et qui lui-même était si intelligent et si bon. A mesure que ce dernier avançait en âge, la ressemblance de ces deux visages s'accentuait d'une façon plus complète. S'il nous était permis, en passant, d'exprimer un vœu, ce serait celui de pouvoir contempler, dans un avenir prochain, le portrait du fils à côté de celui de son père.

l'hiver. Au printemps suivant, le colonel, plus tard général de Vivès, le demanda pour son régiment qui se trouvait en garnison à Vincennes. Il s'y rendit. Mais ce n'est point là que le portaient ses aspirations les plus vives. On se souvient que le général Blancard apprenant, tandis qu'il commandait la place de Lyon, en 1831, que le vent soufflait à la guerre, avait sollicité un poste de combat. Tels étaient les désirs d'un fils, désireux au plus haut point de suivre les traditions paternelles. A la vie de garnison il eût préféré de beaucoup faire partie de l'expédition d'Orient. S'en était-il ouvert au maréchal Pélissier avec qui il n'avait cessé d'être en relation ? toujours est-il que son vœu fut exaucé et, à sa grande joie, il reçut sa feuille de route pour la Crimée.

A cette époque, les sentiments religieux ou, du moins, les pratiques religieuses de Louis Blancard n'avaient-ils subi aucun affaiblissement ? Nous ne saurions l'affirmer. S'il faut l'en croire lui-même qui, plus tard, se montrait toujours si disposé à s'accuser, le temps qu'il passa à Metz et à Vincennes ne valut rien pour son âme, parce que ce fut celui où la pensée de Dieu occupa le moins de place dans sa vie. Ainsi parlait, trente ans plus tard, cet excellent baron qui, dans ses douloureuses infirmités, était plus porté à voir des châtiments de son ancienne vie pécheresse, suivant ses propres expressions, que des épreuves providentielles destinées à embellir ses vertus du « je « ne sais quoi d'achevé » de Bossuet.

En tout cas, la foi de sa première jeunesse, il ne la perdit jamais, ni complètement la pratique de cette foi qui devait adoucir le martyre quotidien de ses dernières années et lui valoir des mérites que le souverain Rémunérateur récompense aujourd'hui.

Nous savons que, pour remercier Dieu de ce qu'il lui était donné de faire campagne, comme aussi pour confier son long voyage vers l'Orient et sa vie à la protection du ciel, il ne se mit pas en route sans aller s'agenouiller aux pieds du représentant de Jésus-Christ, en vue d'obtenir le bienfait de la sainte absolution : « Je tiens du prêtre lui-même à qui il s'adressa en « cette circonstance, lisons-nous dans le mémoire que « nous avons déjà tant de fois cité, que le matin même « de son départ, enveloppé dans son grand manteau « d'uniforme, il vint à Ste-Marguerite (faubourg Saint-« Antoine), dont M. l'abbé Choque était alors curé et « y communia avec une grande ferveur. »

La conscience en repos, l'âme riche de la possession de son Dieu, enflammé du désir de concourir au triomphe et à la gloire de la France, il fit voile vers la Crimée.

C'était au moment où l'ancien officier du lieutenant-général Blancard se couvrait lui-même de gloire et méritait son titre de duc de Malakoff, en même temps qu'il manifestait, une fois de plus, les sentiments profondément chrétiens dont son âme de soldat était remplie.

Ecoutons le récit que Mgr Pavy, évêque d'Alger, affirmait tenir du maréchal Pélissier lui-même.

On était devant Sébastopol et la fameuse redoute de Malakoff était le dernier retranchement que les Russes défendaient, depuis plusieurs jours, avec une incontestable vaillance.

Dans un dernier Conseil de généraux et d'officiers supérieurs, le Maréchal venait de décider qu'un assaut suprême serait livré par l'armée française, le 8 septembre. Après le Conseil, l'un des généraux crut devoir lui adresser de discrètes observations sur cette date fixée pour l'attaque : « Peut-être déplaira-t-elle à nos « alliés, les Anglais, qui verront dans la désignation « du 8 septembre, fête de la Nativité de la très sainte « Vierge, une coïncidence religieuse préméditée. Le « choix d'un tel jour pourra les froisser dans leur foi, « car les Anglais, étant protestants, sont loin de partager le culte des catholiques envers la Mère de « Dieu ». — « Laissez-moi donc tranquille, avait « répliqué, avec sa vivacité ordinaire, le maréchal « Pélissier. Si les Anglais n'aiment pas la très sainte « Vierge, tant pis pour eux ! Un roi de France con- « sacra autrefois notre pays à Marie : *Regnum Galliœ*, « *Regnum Mariœ*. Je veux lui vouer l'armée que je « commande et la bataille qui se prépare. Ma date est « bien et irrévocablement fixée ».

Pélissier, en cette circonstance, faisait songer à Sobieski.

L'assaut eut lieu, en effet, le jour de la Nativité de la T. S. Vierge. Comme les soldats de Sobieski, devant les murs de Vienne et en présence d'une armée formidable de Turcs, les soldats français et anglais, devant les murs de Sébastopol, défendu par les Russes, furent admirables d'audace et de courage.

Pendant ce temps, dans les familles, dans les églises, dans les sanctuaires dédiés à Marie, sur tous les points de la France, de ferventes prières montaient jusqu'au trône de la Mère de Dieu pour le succès de nos armes. Et Sébastopol tomba au pouvoir des Français, le 8 septembre (1).

Le sous-lieutenant Blancard, qui n'avait rien tant désiré, rien tant sollicité qu'une part active dans la

---

(1) Ce même jour, au sanctuaire de N.-D. de Fresneau, à Marsanne, chef-lieu de canton de l'arrondissement de Montélimar, se célébrait une grande solennité. En présence de cinq évêques, de plusieurs centaines de prêtres et de dix mille pèlerins, une couronne d'or, bénite par N. S. P. le pape [illegible] ait déposée sur le front de la Vierge miraculeuse. L'éloquen[illegible] de Montpellier, Mgr Thibault, fut l'orateur de cette raviss[illegible] parlait lorsque tout à coup, comme éclairé par une vision surna[illegible] rappelant celle du pape S. Pie V, à l'occasion de la bataille d[illegible]nte, il s'écria : « En ce moment, je vois « notre armée victorieuse, faire, grâce à la protection de Marie, son « entrée triomphale à Sébastopol ! » En souvenir de cette coïncidence, le gouvernement impérial fit don au sanctuaire de Fresneau de deux canons russes rapportés de Crimée. Ils sont dressés à droite et à gauche de la porte d'entrée de la magnifique chapelle. C'est probablement aussi, en souvenir de cette victoire, dont il fut le témoin, en tout cas, pour implorer le secours de Marie, que le baron Blancard fit plusieurs fois et même lorsqu'il était déjà très infirme, ce pieux pèlerinage.

lutte, afin de continuer les traditions de son père et de contribuer, pour sa faible part, à la gloire de son pays, était donc arrivé bien tard sur le théâtre de la guerre. Il n'eut, pour ainsi dire, en partage, que les souffrances d'une longue traversée et ensuite les rigueurs d'un rude hiver. Un dédommagement lui fut cependant accordé, celui de s'associer, sur place, au triomphe du vainqueur et d'être l'un des premiers à saluer *duc de Malakoff* le maréchal Pélissier qui, en souvenir de son ancien lieutenant-général, avait accueilli et traita Louis Blancard comme un fils.

Nous constatons aussi, par la copie des états de service, que celui-ci, lieutenant en deuxième depuis le 1er octobre 1854, fut nommé lieutenant en premier précisément à cette date mémorable du 8 septembre 1855.

Le retour fut pénible. Son tempérament délicat n'échappa point aux angoissantes épreuves de la mer et aux incommodités de la vie de campagne. Lorsqu'il rentra en France, la baronne Blancard se trouvait auprès de sa fille aînée, à St-Omer. C'est dans cette ville qu'il se rendit donc en toute hâte et en quel état ! La fièvre le dévorait. On le soumit aussitôt à un traitement énergique qui eut raison de son mal. Néanmoins, les épreuves physiques et morales par lesquelles venait de passer cette nature si impressionnable contribuaient certainement à miner son organisme.

CHAPITRE QUATRIÈME

PREMIÈRE CAMPAGNE D'AFRIQUE. — L'OFFICIER D'ORDONNANCE DU MARÉCHAL RANDON. — RETOUR EN FRANCE. — HIVER A MILAN. — CHATELLERAULT. — L'OFFICIER D'ORDONNANCE DU MARÉCHAL PÉLISSIER. — MORT CHRÉTIENNE DE CE DERNIER. — TOULOUSE — VALENCE.

(Octobre 1855. — Août 1864)

Mgr Baunard fait remarquer que les premières années de la vie militaire du général de Sonis sont les moins connues de son histoire : « Il n'y a pas d'his- « toire, dit-il, pour un jeune capitaine en garnison ou « en expédition, fort exact, irréprochable, mais perdu « dans le rang. Quelques lettres, une dizaine au plus, « sur un espace de cinq à six ans, en percent à peine « les ombres (1).

Nous devons dire de même du lieutenant baron

(1) *Le général de Sonis*, par Mgr BAUNARD, chap. III, p. 61.

4

Blancard. Nous n'avons même aucune lettre de lui ayant trait à cette époque de sa vie. Sans doute il dut en écrire beaucoup, durant cette première campagne, pour dédommager sa mère et ses sœurs de la privation qui résultait pour elles de cet éloignement. Elles n'ont pas été conservées et l'eussent-elles été, lui-même, plus tard, se fût appliqué à les faire disparaître, s'il eût soupçonné surtout qu'on voudrait s'en servir un jour pour perpétuer sa mémoire. L'*Ama nefciri et pro nihilo reputari* (1) de l'un de ses livres de prédilection devait devenir tellement sa devise que déjà certainement s'il s'appliquait alors à quelque chose, c'était à être lui-même « perdu dans le rang. »

Nous ne pourrons donc le suivre, soit dans ses deux campagnes d'Afrique, soit dans les diverses garnisons qu'il fit en France, que grâce à la copie de ses états de service que nous avons sous les yeux, à quelques souvenirs de famille fidèlement conservés par les siens et à certains entretiens relatifs à sa vie militaire, que nous eûmes avec lui, particulièrement lorsque parut l'histoire du général de Sonis, qu'il eut maintes fois le bonheur de rencontrer et la fréquente occasion d'admirer sur la terre africaine.

Ce que nous savons ainsi, c'est qu'après la maladie qui suivit son retour de Crimée, il obtint quelques

---

(1) « Aimez à rester inconnu et à être compté pour rien, » *Imit. de J.-C.*, livre I, ch. II, v 3.

mois de congé, puis il passa au 16e régiment d'artillerie à cheval (27 octobre 1855). Il n'y demeura pas longtemps, à peine seize mois. Nous le trouvons au 12e régiment d'artillerie monté, à la date du 26 mars 1857. C'est alors qu'il reçut le commandement d'une batterie qui faisait partie de l'armée envoyée en Afrique pour réprimer les fréquentes insurrections des Kabyles.

Cette campagne a été racontée avec tous ses plus intéressants détails par Mgr Baunard dans la belle vie de son héros. Nous n'en reprendrons pas nous-même le récit ; mais, pour ce qui concerne le lieutenant Blancard, nous dirons qu'il s'y fit remarquer par l'esprit de discipline qu'il sut créer et maintenir parmi ses hommes, en même temps que par la sollicitude et le dévouement qu'il leur témoigna durant toute cette longue et pénible campagne. Nous avons, à ce sujet, le précieux témoignage de l'un d'eux, qui a toujours gardé le plus respectueux souvenir de son lieutenant : « Tous auraient voulu vivre sous son commande- « ment, nous a répété souvent cet ancien soldat de « sa batterie ; non pas qu'avec lui on fût moins tenu « qu'avec tout autre chef. Il imposait, au contraire, « le respect et la soumission, et il lui suffisait, pour « cela, de se montrer ou même de faire simplement « connaître, d'une manière quelconque, son bon plai- « sir. Il parlait peu, mais toujours à propos. Il punis- « sait quelquefois ; mais je ne pense pas que jamais « un seul ait trouvé que ce fût injustement. Ayant,

« d'ailleurs, l'habitude de ne jamais revenir sur sa « parole, qu'il s'agît d'un éloge à décerner ou d'un « blâme à infliger, cette parole, il ne la prononçait « qu'après avoir pris le temps et les moyens pour être « parfaitement renseigné. Avec cela, notre lieutenant, « pourvu que la discipline fût sauvegardée, était tou- « jours prêt à être agréable et à rendre service. Nous « étions d'autant plus fiers de servir sous ses ordres « qu'il avait parmi nous la réputation de dominer « tous les autres officiers, non seulement par sa haute « taille, mais surtout par l'estime dont eux-mêmes « paraissaient l'entourer. » (1)

Après cette expédition, il alla prendre garnison dans la province d'Oran, d'abord à *Tlemcen*.

De cette ville, il ne perdit jamais le souvenir, non plus, d'ailleurs, que de tous les postes qu'il occupa et même des simples bourgades qu'il eut l'occasion de traverser, car, nous l'avons déjà dit, il avait un grand esprit d'observation et sa mémoire était des plus heureuses. Ainsi un jour et bien des années après celle où nous a conduits le cours de ce récit, il se trouvait devant quelques caisses de lauriers roses que l'on trouvait magnifiques. Et le baron, séparé du groupe principal des visiteurs, disait à celui qui était à ses côtés : « Pour trouver cela beau, il faut n'avoir pas vu les lauriers roses d'Afrique. Je me souviens qu'al-

(1) Témoignage de M. T. T., aujourd'hui directeur de Messageries à N. (Drôme).

lant d'Oran à Tlemcen, en 1856, nous nous trouvâmes tout à coup dans une véritable forêt de lauriers roses. Ceux-là étaient magnifiques, par exemple. C'étaient des arbres ; leur feuillage était très épais et d'un vert noir, dénotant bien que le sol leur convenait et qu'ils n'étaient pas prisonniers comme ceux-ci. Le seul inconvénient fut que, pour les traverser, nous dûmes patauger dans l'eau pendant assez longtemps et que mon ordonnance eut ensuite bien à faire, le pauvre garçon, pour me décrotter et pour se décrotter lui-même surtout. Je ne suis pas surpris qu'une station du chemin de fer de l'Ouest-Algérien ait été établie en cet endroit et qu'on l'ait appelée : *Les Lauriers-Roses* ; je le suis encore moins que tant de meuniers européens s'y soient installés. L'eau ne doit jamais leur manquer. »

De même, à l'occasion, mais toujours avec cette modestie et ce charme du langage qui caractérisaient sa conversation, il rappelait le souvenir de *Lamoricière* et de son magnifique viaduc construit au moyen de longues pierres de taille, reliées ensemble par des queues d'aronde, de la belle cascade d'*Aïn-Tellout*, mais surtout de *Tlemcen*, des imposantes ruines de ses vieux remparts, de l'immense esplanade du Méchouard, du culte des Arabes pour le tombeau de Sidi-Bou-Médine, de la ravissante promenade qu'il faisait, le soir, sur les boulevards qui entourent l'enceinte de la ville et de la population si mêlée qu'on y trouvait déjà en 1856.

De là, il dirigea sa batterie sur *Mostaganem* dont le jardin public offre au visiteur une éternelle verdure et où l'on trouve de si gigantesques traces des effroyables tremblements de terre qui, dans les siècles passés, bouleversèrent cette région.

C'est à Mostaganem que le gouverneur général de l'Algérie, le maréchal Randon, encore un ancien ami de son père, se l'attacha en qualité d'officier d'ordonnance. Le lieutenant Blancard avait, en effet, avec le bénéfice de son nom et de son éducation, toutes les qualités d'esprit et de cœur désirables pour ce genre de service. Aussi conserva-t-il cette situation jusqu'au jour où le Maréchal quitta son gouvernement pour rentrer en France.

Son officier d'ordonnance l'y accompagna ; mais il garda au cœur le désir de revivre un jour sur cette terre d'Afrique dont il ne cessait, plus tard, de rappeler les beautés.

Comme tout ce qu'il avait vu dans la province d'Oran, la rade d'Alger l'avait ravi, ainsi que la ville si admirablement bâtie en amphithéâtre, avec ces habitations arabes, éclatantes de blancheur, au sommet; et au bas, ses magnifiques rues Babazoun et Babel-Ouel, transformées en rues de grandes villes françaises depuis la conquête de 1830. La place du Gouvernement d'où l'on a devant soi la vaste étendue de la mer et à ses pieds le mouvement du port, sillonné dans tous les sens par les navires et les bateauxpêcheurs, lui paraissait unique au monde. Et autour d'Alger, du côté de St-Eugène comme du côté opposé où se trouve le palais du Gouverneur-Général, quelle luxuriante végétation !

« Boufaric, disait-il, est une petite ville toute neuve que l'on pourrait croire apportée toute bâtie de France et posée dans cette plaine de la Mitidja que nos colons ont assainie et rendue merveilleusement productive. Ses rues si larges qu'on y voit quatre rangées de beaux arbres paraissent tirées au cordeau comme celles de Nancy.

« Les Pères Jésuites créèrent là, dès les premières années de notre conquête, un orphelinat agricole important qui fait l'admiration des indigènes et des étrangers. J'ai vu, dans leur chapelle, cette modeste statue de S. Joseph que l'incomparable Père Brumaud, nommé chevalier de la Légion d'honneur, s'empressa de décorer lui-même, en lui passant au cou, suspendue à un large ruban ponceau, la Croix qui lui avait été remise de la part de l'Empereur. La pensée ne vint pas au Maréchal de chercher querelle à S. Joseph pour port illégal de décoration, bien que le Père Brumaud l'eut d'emblée et de son autorité privée, bombardé Commandeur. Comment, d'autre part, chercher querelle aux Pères Jésuites ? Ils se montrèrent si gracieux et nous offrirent de si beaux fruits ! Et surtout, le trop modeste Père Brumaud avait proclamé si éloquemment que S. Joseph avait été pour tout dans les heureux résultats de son apostolat en Afrique ! Si nous eussions entendu parler, à son tour, S. Joseph, il nous eut dit sûrement que le bon Père avait aussi sa large part de mérite.

« Et Blidah, quelle belle ville encore ! Elle est la reine de l'immense vallée de la Mitidja. Située au milieu de véritables forêts d'orangers, elle a été surnommée la « *Parfumée.* » Un marabout, dont la parole est restée célèbre, l'apostropha ainsi, dit-on : « On t'ap-« pelle une petite ville, et moi je t'appelle une petite « rose. » L'oued El-Kébir y fait tourner de très importants moulins et fournit toutes les eaux d'irrigation nécessaires aux admirables cultures qui l'environnent. Les mandarines de Blidah sont tout simplement et absolument délicieuses. L'un de mes bons souvenirs est celui d'une excursion aux gorges de la Chiffa. Enfin une belle excursion à faire encore, lorsqu'on se trouve à Alger, est celle de Staoueli que les Pères Trappistes transforment en une nouvelle terre promise. Mais ils savent à quel prix. Que de tombes dans leur cimetière ! Les concessions de terres qui leur furent faites par le Gouvernement en sont arrivées à un rapport vraiment surprenant pour qui avait vu autrefois ce sol inculte, dont il reste encore des vestiges dans la contrée. Là, il n'y a que genêts, aloès et des figuiers qui n'ont pas volé leur nom lorsqu'on les a nommés figuiers de Barbarie. A coup sûr, les Arabes qui mangent si volontiers la figue de Barbarie, ne sont pas gourmands, mais je crois bien qu'ils ont tous les autres péchés capitaux. »

Le lieutenant Blancard, de retour en France, passa au 10me régiment d'artillerie ; bientôt il fut nommé capitaine en 2e et adjoint à la manufacture d'armes de Chatellerault ; puis adjoint, durant l'hiver de 1859, à la direction d'artillerie, à Milan. Vers le mois d'avril 1860, il reprit ses fonctions précédentes à Chatellerault ; mais il gardait toujours l'espoir de retourner bientôt en Afrique et, pour cela, la Providence le servit à souhait. Sans doute, cette Providence toujours sage, toujours paternelle, voulait ainsi le placer en face d'un grand et admirable exemple pour lui apprendre à vivre maintenant et plus tard, à mourir en fervent chrétien.

Le maréchal Randon, rentrant en France, l'avait signalé comme un officier de mérite. Il en avait fait l'expérience personnelle durant le temps qu'il l'avait gardé auprès de lui. Il avait admiré ce que nous avons signalé déjà dans l'élève de l'Ecole polytechnique, cette belle intelligence aidée de bonne heure de l'habitude de la réflexion, cette élocution si facile et toujours si pleine de distinction, ces rapports militaires si clairs, si complets, disant bien tout ce qu'il fallait dire et comme il fallait le dire. En vérité, si les forces physiques faisaient en partie défaut à ce soldat, le défaut était amplement compensé par telles qualités et aptitudes que réclament certaines fonctions particulières de l'armée.

Or, sur ces entrefaites, le maréchal Pélissier, l'ancien officier d'ordonnance du général Blancard, était nommé gouverneur-général de l'Algérie, en remplacement du maréchal Randon et il s'empressa de prendre à son Etat-Major celui qu'il avait vu tout petit enfant, ce jeune capitaine Blancard qu'il se plaisait encore à nommer *Louis* tout court, en signe d'affection. La nomination du nouveau gouverneur fut signée le 20 décembre 1860 ; c'est le 30 décembre 1860 que fut signée celle du nouvel attaché à l'Etat-Major.

Retourner en Afrique, y vivre à côté du duc de Malakoff, l'ami de son père et de sa famille, c'était, pour ce dernier, la réalisation du plus caressé des rêves. Il y fut ajouté encore un surcroît. La croix de la Légion d'honneur vint en même temps briller sur cette poitrine de trente ans. « Elle fut reçue avec une joie d'enfant, » lisons-nous dans le mémoire où nous puisons la plupart de ces détails.

On était aux premiers jours de 1861. Le capitaine Blancard s'embarqua donc avec le Maréchal Pélissier pour ne plus le quitter jusqu'à la fin ; car le vainqueur de Sébastopol touchait aux dernières années de sa vaillante et glorieuse carrière. Il en reçut, chaque jour, de nouvelles marques d'affection et d'attachement, et lui-même, en retour, ne cessa de se dévouer avec une affection toute filiale à son chef vénéré. Avec lui, il fit les voyages d'inspection les plus intéressants et alla jusqu'à Laghouat. capitale du désert.

C'était à l'époque où le futur général de Sonis commandait ce poste avancé et recevait un désaveu que son historien a rendu mémorable; car l'épisode de Djelfa a obtenu incontestablement la faveur des plus attachantes pages qu'ait écrites Monseigneur Baunard. Toutefois, au témoignage de l'ancien officier d'Etat-Major, bien placé, on en conviendra, par la nature même des fonctions qu'il remplissait et par la confiance dont il était l'objet de la part du Gouverneur de l'Algérie, pour être initié plus que personne peut-être à la connaissance totale du fait, ces pages tendent à déplacer les responsabilités et, à ce point de vue, pèchent par défaut d'exactitude historique. Nous avons entendu, un jour, le baron Blancard dire à ce sujet: « Pauvre maréchal ! Monseigneur Baunard le « traite ici avec une rigueur absolument imméritée. »

Voici ce qu'a écrit l'éminent historien du général de Sonis, et on ne nous reprochera pas de reproduire ici, nous le répétons, des pages si attachantes:

« Fanatisés par les prédications d'un missionnaire « ou mokkaden, du nom de Bou-Cheudon, une bande « de deux ou trois cents arabes qui se disposaient à « faire, sous sa conduite, un pèlerinage chez les « Zibans, à Biskra, voulant pour cela se rendre plus « agréables à Dieu, avaient formé le complot de se « défaire des chrétiens de Djelfa. Profitant du jour de « marché, ils attendirent la nuit pour fondre sur « leur proie endormie. Une trentaine de colons, tant

« européens qu'israëlites et indigènes, fut surprise et « massacrée, entr'autres un jeune enfant qu'on égor- « gea dans son berceau. Le village n'avait pour gar- « nison qu'une cinquantaine de soldats, commandés « par un sous-lieutenant, qui réussirent à disperser les « malfaiteurs, après leur avoir tué quelques hommes. « Au premier bruit de la révolte, prévenu par télé- « gramme, le commandant de Sonis était parti pour « Djelfa avec les cavaliers de son Goum. Franchis- « sant trente-six lieues en quelques heures, il arriva « dès la pointe du jour. Il trouva le village terrifié. « Quelques uns des coupables n'avaient pas encore « eu le temps de s'évader. Le commandant fit saisir « ceux qui lui tombèrent sous la main, improvisa « aussitôt, avec quelques officiers, une sorte de con- « seil de guerre et les fit juger immédiatement. Une « dizaine environ de ces brigands furent condamnés « à mort et fusillés sur le champ.

. . . .

« Le jugement sommaire et l'exécution immédiate « des assassins de Djelfa, sans attendre le recours à « la justice ordinaire, avait été un coup nécessaire, « mais hardi : « Commandant, vous jouez gros jeu, « lui avait dit l'Evêque d'Alger ». (Sa Grandeur était précisément alors en tournée pastorale et se rendait à Laghouat). — « Je le sais, Monseigneur, avait répondu « Sonis ; mais je connais les Arabes ; si je ne sévis « pas aujourd'hui, ils vont recommencer demain.

« J'ai consulté ma conscience ; mon devoir est de « préserver les bons en terrifiant les méchants ». — « D'ailleurs, le commandant avait eu soin de ren- « dre aussitôt compte au maréchal gouverneur, par « une dépêche succincte. Le correspondant d'un jour- « nal de Paris se chargea de la compléter par des « explications malveillantes et singulièrement fantai- « sistes, comme c'est l'habitude. L'affaire fit du bruit ; « on y vit une conséquence du gouvernement mili- « taire qu'on venait de rétablir et en particulier du « gouvernement de Pélissier, peu suspect de tendresse « dans ses procédés envers les indigènes. Le gouver- « neur, en effet, approuvait la mesure ; mais il aurait « voulu qu'on fît le silence là-dessus. Effrayé plus « que de raison des clameurs de la presse, il désavoua « son subordonné, en envoyant à Sonis l'ordre de « résigner ses fonctions et de venir rejoindre son régi- « ment à Mascara. C'était le 19 mai 1861. Singulier « scrupule de la part de l'homme qui, en 1845, avait « fait enfumer et périr onze cent cinquante Arabes de « la tribu des Ouled-Riah, dans les grottes où ces « malheureux avaient cherché un asile ! » (1)

Tel est le récit qui, tombant sous les yeux du baron Blancard, témoin de ce triste incident, lui faisait dire : « Pauvre maréchal ! Mgr Baunard, dans son livre, le « traite avec une rigueur absolument imméritée ! » Sans

---

(1) *Le général de Sonis*, par Mgr BAUNARD, chap. VI, p. 171 et suiv. de la 36e édition.

doute les rapports si particuliers qui existaient entre notre capitaine d'état-major et le gouverneur général de l'Algérie n'étaient pas seulement ceux d'un inférieur avec son chef ; mais bien plutôt ceux d'un fils à l'égard de son père ; et un fils endure toujours une souffrance vive, lorsqu'il voit son père encourir un blâme même légitime ; à plus forte raison lorsque ce blâme ne lui paraît point justifié. Voilà pourquoi le baron Blancard, qui convenait de l'exactitude parfaite de ce récit, pour ce qui en constitue comme la substance, ne pouvait accepter l'appréciation formulée par l'éminent historien du général de Sonis : « Les vrais motifs qui firent agir le gouverneur, Mgr Baunard ne les a pas connus, disait-il avec émotion. Non, le Maréchal ne désavoua pas de Sonis, parce qu'il avait été « effrayé plus que de raison des clameurs de la « presse ». Cent fois, il était demeuré impassible sur les champs de bataille et sous le tonnerre des coups de canon et il n'était, certes, pas homme à trembler devant les coups de plume des journalistes. Il avait approuvé, en effet, la conduite de son subordonné, parce que, comme lui, il savait les Arabes toujours prêts à renouveler les massacres, s'ils n'étaient terrifiés. Et c'est ce qui explique pourquoi il en fit enfumer et périr un si grand nombre en 1845 ; mais il lui fallut des motifs supérieurs pour paraître se déjuger ainsi en infligeant un blâme au commandant de Laghouat. Les clameurs de la presse parisienne ne l'avaient point effrayé, encore une fois ; mais elles avaient, sinon effrayé, du moins profondément ému le ministère de la guerre ainsi que l'empereur, et c'est sur des ordres formels venant des Tuileries qu'il rappela de Sonis de Laghouat à Mascara. Quant à dévoiler cette pression qu'il eut à subir et à se retrancher ouvertement derrière la volonté impériale, il était trop fier d'abord et ensuite trop respectueux du secret professionnel pour faire peser les responsabilités sur qui de droit, en vue de se dégager lui-même.

« Et ce que fit ensuite le Maréchal, ajoutait-il encore, ne démontre-t-il pas qu'il a été jugé trop sévèrement ? Les apparences étaient contre lui, c'est vrai ; mais que de circonstances devaient faire suspendre un jugement si sévère ! Le Maréchal avait approuvé la conduite de Sonis qui, lui-même, n'avait fait qu'imiter, en petit, un éclatant exemple donné précédemment par son chef. Il fallait bien une raison grave pour que, condamnant de Sonis, il parût se condamner, à plus forte raison lui-même. Mais,après ce triste événement, celui qui a été frappé d'une disgrâce reçoit du gouverneur maintes avances. Il n'y répond pas. Il sait qu'on s'enquiert de lui avec un intérêt sincère et rien ne le fait sortir de sa respectueuse réserve. Il est invité un jour à une soirée qui doit se donner au palais du gouvernement, et de Sonis répond en remerciant et disant qu'il s'y rendra s'il en reçoit un ordre formel : « Le « caractère d'un officier si soumis et si indépendant,

« à la fois, subjuguait le Maréchal », dit Mgr Baunard. Oui, cela est vrai ; mais ce caractère et cette résistance qu'on s'explique, d'ailleurs, oppressaient celui qui portait, sans pouvoir et sans vouloir le dire, le poids d'une décision qui n'était point la sienne. A la fin, le Gouverneur fit appeler de Sonis auprès de lui : « Allons, « lui dit-il, commandant, oublions ce qui s'est passé, « vous êtes l'homme du devoir ; » et ils se serrèrent la main. Il y eut plus encore, car bientôt de Sonis reçut sa nomination au commandement supérieur du cercle de Saïda, et, lorsque le maréchal de Mac-Mahon prit ensuite la succession de Pélissier, celui-ci avait laissé des notes telles que « l'homme du devoir » ne tarda pas à être proposé pour le grade de lieutenant-colonel. (1)

Le capitaine Blancard continua de vivre en la société

---

(1) Nous avons tenté de réhabiliter la mémoire du maréchal Pélissier, sur le témoignage d'un témoin dont la véracité ne fait pour nous aucun doute et dont nous avons traduit scrupuleusement l'appréciation. Si donc, à leur tour, ces lignes avaient tout à la fois et l'honneur et la bonne fortune de tomber, un jour, sous les yeux de Mgr Baunard, nous sommes assuré que, loin de nous trouver téméraire, l'éminent historien du général de Sonis nous saurait gré d'avoir cherché à rétablir la vérité historique sur l'affaire de Djelfa et sur ses conséquences qui faisaient dire au soldat chrétien, dans une lettre, en date du 20 août 1861 : « Il est vrai que ma vie a été et est encore tous les jours « semée de beaucoup d'épreuves ; mais je dois reconnaître aussi que « la grâce, pour les supporter, ne m'a jamais été refusée et j'avoue « que j'ai toujours été merveilleusement secouru par Notre Seigneur, « sa sainte Mère et S. Joseph, auxquels j'ai l'habitude de confier toutes « mes peines. »

de son gouverneur général, l'accompagna dans son voyage en Tunisie et l'aida filialement de tout son concours durant ces quatre années de 1860 à 1864 (1).

A Alger, volontiers il l'accompagnait chez l'Evêque missionnaire, Mgr Pavy, qui avait gagné bien vite le cœur si loyal et si chrétien du Maréchal. Plus volontiers encore, il l'accompagnait au sanctuaire, inachevé alors, de Notre-Dame d'Afrique où le vieillard se rendait assez fréquemment afin de remercier encore celle qui l'avait si visiblement protégé sous les murs de Sébastopol, selon que lui-même, après la victoire de notre armée, sur les Russes, l'écrivait à la supérieure de l'hospice du Puy en Velay. Il voulait aussi lui confier l'issue de son dernier et plus décisif combat, car, comme l'apôtre S. Paul, il pouvait dire : « *Nous* « *avons entendu en nous une réponse de mort, afin* « *que nous ne mettions point notre confiance en nous-* « *mêmes, mais en Dieu qui ressuscite les morts* (2).

Le capitaine Blancard ne pouvait donc se trouver à meilleure école de prière et de reconnaissance envers la Mère de Dieu. Nous ne tarderons pas à voir combien il sut se montrer docile à ce grand enseignement de l'exemple. Il assista à la confection de la grille du

(1) Le 26 février 1864, il fut autorisé à accepter la décoration de l'ordre de Nicham Iftikar de Tunis. (Etats de service.)

(2) « *Sed ipsi in nobismetipsis responsum mortis habuimus, ut non* « *simus fidentes innobis, sed in Deo qui suscitat mortuos.* » *Epist.* II, *ad Corinth.* c. I. v. 9.

sanctuaire de Notre-Dame d'Afrique, formée de fusils pris aux Russes ; il vit se dresser, au sommet de la coupole de ce beau monument de foi, la grande croix en fer ouvragé, qui provenait de la principale église de Sébastopol. Et c'étaient là des dons spontanés du duc de Malakoff, comme d'ailleurs le bronze de la colosse statue de Notre-Dame du Puy et les deux canons qui ornent la porte de la chapelle de Fresneau, à Marsanne, ainsi que nous l'avons déjà mentionné plus haut.

Il vit surtout s'opérer le dernier travail de la grâce dans cette âme droite et forte du gouverneur général, dans ce soldat chrétien qui, durant cinquante ans de glorieux services, se dévoua à la France et dont la dernière pensée fut de léguer son épée à Notre-Dame d'Afrique, voulant ainsi affirmer que l'homme n'est rien sans Dieu et que le secours de Dieu nous vient surtout par Marie.

Tous savent en quelles circonstances mourut le maréchal Pélissier, combien ses derniers moments furent consolés par la religion, quelle tendre piété, quelle ferme soumission à la sainte Eglise il manifesta jusqu'à la fin.

Vers les derniers jours d'avril 1864, lorsque nos vaillantes troupes d'Afrique se trouvaient, en grande partie, détachées en expédition pour le Mexique, le fils du fameux Si-Hamza, jeune homme fanatique et bouillant, leva brusquement, dans le Sud-Orannais, l'étendard de « la guerre sainte » contre les Français, surprit et assassina le colonel Beauprête et groupa autour de lui des milliers d'Arabes prêts à combattre pour reconquérir leur indépendance.

Pélissier, habitué de longue date à ces insurrections, ne s'en émut pas ; mais il voulut organiser rapidement la répression et se condamna, pour cela, à un travail excessif de jour et de nuit. Une inflammation de grippe, causée par cet excès de fatigue, se déclara et se porta sur les poumons. Il mourut le 22 mai 1864, à l'âge de soixante-douze ans, après avoir reçu les derniers sacrements, et tandis que, sur sa demande, il baisait tour à tour un crucifix rapporté de Jérusalem et la croix pastorale de son évêque.

Parmi les assistants à cette sublime et dernière scène, se trouvait le capitaine d'état-major qui, pour le Maréchal, n'avait jamais été que *Louis*, que le fils de son ancien lieutenant-général.

Celui-ci rentra en France avec la dépouille mortelle du regretté gouverneur, duc de Malakoff, auquel l'Empire décerna les honneurs suprêmes, en lui accordant, ce qui était justice pour un si grand homme de guerre, un lieu de sépulture sous le dôme des Invalides (1).

---

(1) Voir, dans les œuvres de Mgr Pavy, l'oraison funèbre que Sa Grandeur prononça à l'occasion du transfert des restes du maréchal Pélissier d'Alger à Paris. — Une notice également très complète et fort intéressante sur la vie et la mort de ce vaillant soldat a été publiée en feuilleton dans la *Croix de la Drôme*, numéros de mars, avril et mai 1893.

A la date du 12 août 1864, le baron Blancard, qui n'a été, jusqu'à ce jour, que capitaine en 2e, devient capitaine en 1er. Durant les derniers mois de cette même année et au commencement de 1865, nous le trouvons à Toulouse, avec le 17e régiment d'artillerie à cheval dont il commande deux batteries. C'est au printemps suivant qu'il vint prendre garnison à Valence et c'est là que nous allons maintenant le voir se livrant pleinement à la grâce de Dieu.

CHAPITRE CINQUIÈME

VALENCE. — ESPRIT DE FAMILLE. — MORT DE MONSIEUR SCIPION PÉRIER. — LE CAPITAINE BARON BLANCARD FAIT L'EXPÉRIENCE QUE « *c'est une sainte et salutaire pensée de prier pour les défunts* ». — SES RAPPORTS AVEC M. L'ABBÉ DIDELOT, CURÉ DE NOTRE-DAME. — UNE NOUVELLE PREMIÈRE COMMUNION. — UN NOUVEAU DEUIL.

(Août 1864. — Février 1868.)

Quelle que fut la joie qu'eut éprouvée le capitaine Blancard à retourner en Afrique au commencement de l'année 1860, et quelque douceur qu'il eut ressentie à vivre, durant quatre ans, avec le maréchal Pélissier, auquel il avait eu la consolation de rendre les derniers devoirs, il n'en est pas moins vrai que cette longue et lointaine séparation d'avec sa famille, séparation à peine tempérée par quelques visites, lorsque, de loin en loin, il obtenait un béni congé, avait été dure pour son cœur. Car, l'esprit de famille, il l'avait au plus haut point.

Et comment eut-il pu en être autrement ? Lisle, pour nous servir ici des expressions d'un illustre évêque, était « une de ces demeures patriarcales où l'on « éprouve cette impression de respect qui saisit l'âme « à l'entrée d'un sanctuaire. On y sent que Dieu est « le Roi du foyer, en même temps qu'il en est la joie « et l'honneur. Tout y est pur, tout y est calme, tout « y reflète la paix des consciences, tout y exhale le « parfum de la piété (1). » Si chaque matin, de bonne heure, une voiture s'ébranle, c'est que, malgré la distance de deux kilomètres et plus, on se rend à l'église paroissiale, car on a à cœur l'assistance à la messe quotidienne; si, durant la journée, des parents ou des amis se présentent, ils trouvent la vénérable baronne Blancard et ses filles, lorsqu'elle a le bonheur de les posséder, occupées à confectionner des ornements sacrés pour les églises ou des vêtements pour les pauvres et, à la nuit, maîtres et serviteurs se réunissent aux pieds d'une modeste statue de la très sainte Vierge pour la prière du soir. C'est vraiment la famille chrétienne.

Dans ces conditions, il n'est pas étonnant que Lisle soit une maison de paix, Là, pas de jalousies, de malen-

---

(1) Monseigneur Bonnet, évêque de Viviers, *Mandement sur la loi du 28 mars.*

tendus durables, de paroles acerbes, de silences boudeurs, de larmes intempestives, suivant la peinture de mœurs faite par quelqu'un qui s'y connaissait, comme on dit vulgairement. Là, les nombreux domestiques ont, chacun, sa tâche de travail déterminé à fournir ; ils obéissent volontiers, parce qu'ils n'obéissent pas à des volontés capricieuses ou trop exigentes ; ils sont attachés à leurs maîtres, car leurs maîtres leur donnent, chaque jour, des témoignagnes d'attachement ; et d'ailleurs il y a là de vieux serviteurs qui aident au maintien des traditions. C'est aujourd'hui toute leur fonction, car on ne se déciderait pas à les congédier, bien qu'ils ne soient plus aptes à aucun service. Ils ont été serviteurs dévoués si longtemps, que les rôles sont, pour ainsi dire, intervertis et leurs anciens maîtres les servent. Là, enfin, on veille sur les corps; pour un domestique, pour un fermier malades, le médecin est promptement appelé, les remèdes sont administrés avec empressement et régularité ; on veille sur les âmes surtout, et on leur fournit, avec l'exemple, les encouragements et les conseils, tous les moyens de s'attacher de plus en plus à Dieu. Tout y est donc dans l'ordre, et l'on s'explique que, tout en acceptant les exigences de sa carrière, le jeune capitaine Blancard, si droit, si ami de l'ordre, si bon, aspire à revivre le plus souvent possible dans un milieu pareil, dans cette atmosphère qui est bien celle que réclame sa privilégiée nature.

Aussi, après quelques mois de séjour à Toulouse, comme il échange volontiers cette garnison pour celle de Valence, au commencement de 1865 !

Valence, en effet, le replaçait au milieu des siens. Chaque semaine, il pouvait aller passer, sinon une journée, du moins une portion de journée à Lisle, auprès de la baronne, sa mère, qui, veuve depuis douze ans déjà et sentant venir les infirmités, éprouvait un immense besoin d'être entourée. Il est vrai que sa fille aînée, depuis que M. Scipion Périer avait quitté St-Omer, passait auprès d'elle, ainsi que son mari, une grande partie de l'année. M. et Mme Bontoux, de leur côté, ne reculaient pas devant un long et pénible voyage ; une, deux fois par an, ils quittaient Vienne (Autriche) où M. Bontoux était directeur général de chemins de fer du Sud et donnaient à Mme la baronne tout le temps dont ils pouvaient disposer. Ils faisaient plus, car ils avaient un fils et un fils unique, âgé de 17 ans à cette époque ; généreusement ils consentaient à en être privés durant de longs mois pour laisser ce fils bien-aimé à sa grand'mère qui concentrait, pour ainsi dire sur lui, toute sa puissance d'affection.

Pour les parents retournant seuls en Autriche, cette séparation d'avec leur Paul était un dur sacrifice ; mais le jeune homme se plaisait tant à Lisle et la vénérable grand'mère était si heureuse de la satisfaction accordée à son cœur ! Hélas ! Dieu ne tardera pas à imposer à tous un sacrifice plus douloureux qu'aucun autre. Dans moins de quatre ans, à ce jeune homme si tendrement aimé et si digne de l'être, comme nous aurons à le constater plus loin, on devra appliquer ces mots du Livre de la Sagesse : « *Le « Seigneur est descendu dans son jardin et il y a « cueilli un lis....... Il a été enlevé, de peur que son « esprit ne devînt victime de la malice des impies et « que les apparences trompeuses des biens de ce « monde ne séduisissent son âme......, car son âme « était agréable à Dieu. Voilà pourquoi le Seigneur « s'est ainsi hâté de le soustraire à ce monde d'ini- « quités. Les peuples voient cette conduite de Dieu « sans la comprendre. Il ne leur vient point, en effet, « à la pensée, qu'il en est ainsi, parce que la grâce « de Dieu et sa miséricorde sont sur les saints et que « ses regards favorables sont sur ses élus* (1). »

Lisle était donc le rendez-vous de la famille entière et l'on comprend la joie du capitaine Blancard que Valence lui fut échu comme lieu de garnison. D'autre part, la grande proximité de Champ-Rousset lui permettait de visiter plusieurs fois, chaque semaine, et son oncle et sa tante, M. et Mme Bérenger, ainsi que

---

(1) *Raptus est, ne malitia mutaret intellectum ejus, aut ne fictio deciperet animam illius..... Placita enim erat Deo anima illius ; propter hoc properavit educere illum de medio iniquitatum : populi autem videntes et non intelligentes nec ponentes in præcordiis talia : quoniam gratia Dei, et misericordia est in sanctos ejus, et respectus in electos illius.* (*Sagesse*, cap. IV, v. II et seq.).

ses cousins qui avaient été les seuls amis de sa première enfance. Enfin il se trouvait entouré de familles avec lesquelles il pouvait entrer en relations, et, à son insu, la Providence lui ménage une connaissance plus précieuse qu'aucune autre, dont il bénira Dieu jusqu'à la fin de sa vie.

Comme officier, il jouit de plus en plus de l'estime de ses chefs, comme du respect et de la confiance absolue de ses inférieurs. Il ne cesse d'aimer l'étude ; les questions intéressant son état, la littérature, les arts l'attachent. Comme nous l'avons déjà fait remarquer, il n'y a rien de superficiel dans son esprit observateur et sa mémoire le sert toujours à merveille. Ses connaissances déjà si variées ont reçu un nouvel accroissement dans les voyages si intéressants qu'il a faits et dans les milieux si favorables où il a vécu. Par-dessus tout il est bon. En un mot, à l'âge de trente-cinq ans, il réalise déjà cette expression de « nature d'élite » que nous trouvons dans la plupart des lettres écrites à l'occasion de sa mort.

Et cependant, quoique toujours parfaitement régulier au point de vue religieux, il ne se révélait pas encore comme l'un de ces officiers si pratiquement chrétiens qu'ils font marque dans un régiment et sont d'un admirable et puissant exemple dans une ville entière.

Dieu, nous l'avons vu, lui avait fait déjà bien des avances pour qu'il en arrivât à ce point de mériter non seulement la récompense promise à la pratique de la vertu ; mais le surcroît de gloire réservé à quiconque devient pour les âmes, à l'exemple du Sauveur « voie, vérité et vie : » « *Qui autem docti fuerint* « *fulgebent quasi splendor firmamenti; et qui ad* « *justitiam erudiunt multos, quasi stellœ in perpetuas* « *œternitates* » (1). Il lui fallait pour cela une nouvelle grâce. Elle lui fut envoyée du ciel et il sut en profiter.

Louis Veuillot, dans une magnifique lettre, reproduite dans le recueil de sa correspondance, dit excellemment que « les tombes que nous voyons se creu-« ser sont comme des jours qui s'ouvrent pour nous « sur l'Eternité. Je ne me lasse pas de le répéter, « ajoute-t-il, comme je ne me lasserais pas de racon-« ter un miracle dont j'aurais été le témoin et l'objet. « Il n'y a pas de mort complète ; il n'y a pas de sé-« paration totale; il n'y a qu'une absence qui peut « finir demain. Cette absence ne peut devenir éter-« nelle que par notre faute, et Dieu prend un soin « tendre d'allumer dans nos cœurs, par cette absence « même, toutes les lumières qui rendent quasi im-« possible de nous égarer et de nous perdre. »

C'est à l'occasion de l'une de ses absences momentanées, à l'occasion d'un nouveau deuil de famille, que le capitaine Blancard vit briller, dans tout son éclat, cette bienfaisante lumière de Dieu.

---

(1) DANIEL, chap. XII, v. 3.

Le mardi, 22 mai 1866, deux ans, jour pour jour, depuis qu'il a vu mourir si chrétiennement, à Alger, son vénéré maréchal, il reçoit la triste nouvelle de la mort aussi chrétienne de son beau-frère, M. Scipion Périer. Tout à coup un anthrax s'est déclaré, la médecine et la chirurgie n'ont pu triompher du mal et le denouement a été si soudain que le capitaine n'a pu aller voir une dernière fois son beau-frère à Paris, dans cet appartement de la rue de l'Université où la famille avait passé l'hiver et qu'elle se proposait de quitter prochainement pour rentrer à Lisle.

Aussitôt lui vient l'inspiration d'être secourable à l'âme de ce cher défunt et il se rend auprès de Monsieur l'abbé Didelot, alors curé de la paroisse de Notre-Dame de Valence, pour lui remettre des honoraires de messes à célébrer, dans le plus bref délai possible, à l'intention du regretté défunt.

C'était la première fois qu'il abordait M. le Curé de Notre-Dame. Celui-ci, durant un court entretien, sut compatir si parfaitement à la profonde douleur de l'officier; il lui fit entendre le langage de la foi, et, par ce langage, il alla si directement à son cœur, que, dès ce jour, nous disait-il lui-même plus tard, il résolut de revenir le voir au plus tôt.

Il assista aux funérailles solennelles qui, à quelques jours de là, furent célébrées à Allex ; car le corps du défunt y avait été rapporté pour être inhumé à côté du chef si regretté et si vénéré de la famille, le général Blancard.

Il rentra tristement à Valence, et durant les jours qui suivirent immédiatement la cérémonie funèbre dont il a été le témoin et dont il a su recueillir les grandes et salutaires leçons, les pensées de la foi envahissent plus que jamais son âme : « Oh ! se dit-il, mon beau-frère était un vrai serviteur de Dieu et nous pouvons espérer qu'il reçoit maintenant sa récompense. Mais si son âme n'eût pas été prête ! quel malheur ! et qu'il y en a qui, sans être prêts, partent pour l'éternité ! Le serais-je moi-même si, à mon tour, je devais aujourd'hui, ce qui est possible, paraître devant Dieu? Moi aussi, je dois donc m'attacher absolument à Lui, l'aimer, suivre sa loi, car « que sert à l'homme de gagner l'univers si, finalement, il vient à perdre son âme ? »

Telles étaient les réflexions de cet officier, alors âgé de trente-six ans. Et ne sommes-nous pas autorisé à dire quelles lui étaient obtenues par son beau-frère lui-même, en retour des messes qu'il faisait célébrer dans l'église de Notre-Dame, puisque « c'est une sainte « et salutaire pensée de prier pour les morts (1) ? »

---

(1) « Sancta et salubris est cogitatio pro defunctis exorare ut a peccatis solvantur » (2 Machab, c. xii, v. 46). — S. Grégoire-le-Grand, pour établir cette vérité, raconte, dans l'une de ses plus éloquentes homélies, un fait vraiment merveilleux : Un noble guerrier, dit-il, était parti pour la guerre et avait été fait prisonnier. Son épouse ayant attendu indéfiniment son retour, et ne recevant aucune nouvelle, pensa, à la fin, qu'il était mort et elle faisait offrir pour lui le saint Sacrifice une fois chaque semaine. Or il arrivait que précisé-

Suivant son projet, il ne tarda pas, en effet, de revenir auprès de M. Didelot. Mais ici, laissons parler M. Didelot lui-même, écrivant à Mme la baronne Blancard, à l'occasion de la mort de son mari. La lettre porte la date du 26 mars 1893 :

« . . . .

« . . . . Quel homme de foi, Madame ! « Je n'oublierai jamais nos premières entrevues, d'il « y a trente ans. Il me semble toujours le voir m'a- « border, un soir, au presbytère de Notre-Dame et « me demander, un catéchisme à la main, de le caté-

---

ment, un jour chaque semaine, les chaînes se brisaient et tombaient des mains de son époux captif. Plus tard, il recouvra la liberté et comme, après son retour, il racontait cette merveille à sa pieuse épouse, celle-ci constata que le prodige avait toujours coïncidé avec les jours et les heures où elle avait fait offrir pour lui le divin Sacrifice ; « Quos videlicet dies ejus uxor atque horas discutiens, tunc eum recognovit absolutum, cùm pro eo sacrificium meminerit absolutum. » De cette délivrance sensible d'un corps par la vertu de la sainte Messe, poursuit l'illustre Docteur, ne devons-nous pas conclure à la puissance de la divine Hostie pour la délivrance spirituelle des âmes ?

Mais le saint Sacrifice de la Messe n'est pas seulement salutaire à ceux pour qui il est célébré. Ceux qui l'offrent ou le font offrir en faveur des défunts participent également à ses immenses fruits. Nous lisons, en effet, dans la Bulle de canonisation de sainte Angèle de Mérici, qu'ayant perdu une sœur, plus âgée qu'elle de deux ans, elle fit célébrer la messe à son intention, et bientôt la très sainte Vierge lui apparut avec sa chère défunte, toute rayonnante de lumière et accompagnée d'une multitude d'anges : « La vision disparut ensuite, dit la Sainte, mais à partir de ce jour, je me sentis saisie d'une flamme d'amour envers Dieu qui n'a cessé de remplir mon cœur de la plus vive allégresse et d'une plus grande générosité dans les sacrifices. »

« chiser et de le préparer à une nouvelle première « communion.

« Ce fut, en effet, un premier communiant nouveau. « Il en garda, depuis, l'exquise et dévote primeur de « sentiment, la candeur tranquille, la jeune allure. »

Nous n'avons pas besoin de faire remarquer tout ce qu'il y a de grand et de généreux dans cet acte du capitaine Blancard. N'y a-t-il pas là un témoignage d'humilité et de bonne volonté qui tient du sublime ? Or celui qui, à trente-six ans, reprend en mains le catéchisme, avec la simplicité d'un enfant, est-il un ignorant, même au point de vue religieux ? Tout ce que nous savons déjà de lui nous est une suffisante réponse. Non, il n'ignore pas ce qu'il importe le plus à tout homme de savoir. Bien au contraire, car, ajoute M. Didelot dans cette même lettre, « je lui ai toujours « connu une manière d'entendre les choses divines, « élevée et ingénue, simple et grande. Il raisonnait sa « foi comme un philosophe et la pratiquait comme un « enfant. Il était avec Dieu à la façon des grandes « âmes, poursuit-il. La pensée lui en était intime et « permanente et il était délicieux de le suivre dans « une pieuse causerie. »

Grande leçon, on en conviendra, adressée à tant d'hommes qui, pour employer les termes mêmes dont se servait Pascal, « choisissent de vivre dans l'igno- « rance de ce qu'ils sont et de ce qu'ils peuvent espérer « et sans en rechercher d'éclaircissement ! » Eloquente protestation aussi contre cette sacrilège loi de la neutralité scolaire qui exclut le catéchisme de l'école !

Mais revenons à cette précieuse lettre de M. le Curé de Notre-Dame de Valence. Elle se termine par cet éloge que nous nous garderions d'omettre : « Que de « traits de ressemblance me rappellent dans le reli- « gieux baron Blancard, la noble figure de M. de « Sonis et tant d'autres saints et valeureux hommes « d'armes qui, brûlant de foi et de patriotisme, ont « illustré, dans ces derniers temps, l'armée française, « demeurée, malgré tout, si digne de sa vieille renom- « mée chrétienne ! »

On le comprend bien, après « cette nouvelle première communion, » rappelée par la lettre dont nous avons eu la joie de pouvoir reproduire de si nombreux extraits, le capitaine Blancard n'était pas homme à regarder désormais en arrière : « A cette époque, nous « écrit un Général qui alors était comme lui capitaine « d'artillerie, en garnison à Valence, nous nous vîmes « beaucoup ; nous logions, d'ailleurs, dans la même « maison appartenant à Mme Anselme. Blancard était « un homme du monde accompli, plein d'esprit, mais « un peu mélancolique, ce qui, je crois, était dû à son « état de santé qui, sans être mauvais, était toujours « délicat. »

Voilà ce qui apparaissait au dehors. Le travail qui s'opérait dans cette « âme d'élite » demeurait le secret de Dieu et de M. le Curé de Notre-Dame.

Le prêtre et l'officier se retrouvèrent fréquemment ensemble. Au témoignage du premier, rarement s'étaient rencontrées dans un homme de pareilles dispositions à la piété, cette intelligence et cette soif toujours grandissantes des choses de Dieu ; et, au témoignage du second, le prêtre accomplissait avec un zèle, une délicatesse admirables, l'office d'Ananie, disposant Saul à devenir un nouveau vase d'élection, car le capitaine Blancard se livre déjà entièrement à la grâce de Dieu et, un jour, dans la vie cachée que la Providence lui réserve, il pourra dire comme « l'Apôtre : « *Charitas Dei diffusa est in cordibus* « *nostris*, la charité de Dieu inonde mon cœur ; « *Charitas Christi urget me*, la charité de Jésus-Christ « me presse le cœur ! » (1)

Déjà, d'ailleurs, cette charité se manifeste par de plus fréquentes et plus ferventes prières, par l'étude approfondie d'ouvrages traitant de la religion, comme, par exemple, les *Etudes philosophiques sur le Christianisme*, par M. Auguste Nicolas, *Marie et le Plan divin*, du même auteur, « ouvrage qu'il est impossible « d'étudier sérieusement, nous dira-t-il plus tard, sans « se vouer au culte de la T. S. Vierge. Aussi, si j'étais « assez riche pour me permettre cette bonne œuvre, « j'en adresserais un exemplaire à tous les protestants « éclairés et de bonne foi de notre département. Je

(1) *Epist. ad Rom.* cap. v, v. 5. — *Epist.* II, *ad Corinth.* cap. v, v. 14.

« suis sûr que je ferais ainsi quelques conquêtes ». C'est, sans contredit, pour obéir à la même pensée de zèle que, vers 1875, il arriva, un jour, au presbytère d'Allex, avant même d'être rentré à Lisle, après un voyage à Valence : « J'ai acheté l'*Art de croire*, de « M. Auguste Nicolas, dira-t-il à M. le Curé ; je n'ai pas « lu ces deux volumes ; mais leur auteur me dit assez « qu'ils sont bien ; je ne veux pas les couper ; il serait « moins convenable ensuite de les offrir. Ayez donc « la bonté, sans qu'il soit question de moi, de les « faire parvenir à M. X. Je le crois encore un peu « sceptique ; ils pourront lui faire du bien ». Mais « n'anticipons pas davantage. Nous ne sommes encore « qu'en 1866 et 1867. »

L'officier ne néglige rien assurément de ses devoirs d'état ni des obligations que lui imposent les bienséances du monde, ni surtout de cette facilité si appréciée de pouvoir faire de fréquentes apparitions à Lisle, où Mme la Baronne et sa fille, Mme Scipion Périer, sont encore sous le coup d'un deuil si récent et si douloureux. D'ailleurs, tout ce qu'il voit à Lisle, tout ce qu'il y entend est en si parfaite harmonie avec les pensées et les sentiments qui remplissent son esprit et son cœur !

Néanmoins, à Valence, en vue de trouver le temps de correspondre plus complètement à l'action divine, il s'isole davantage. Tandis qu'on le suppose prendre, dans son appartement ou auprès de sa mère, le repos que paraît exiger sa délicate santé ou obéir aux tendances d'une nature mélancolique, il est dans les dispositions de l'adorable Maître, qui disait : « *In iis* « *quæ Patris mei sunt oportet me esse*, il faut qu'avant « tout, je m'occupe des choses de mon Père qui est « dans les cieux » (1).

A cette même époque, le curé d'Allex, M. l'abbé Martin, prêtre aussi pieux que zélé, opérait une véritable transformation de son église. La population entière de la paroisse avait répondu à son appel. On avait compris, à Allex, que si Dieu doit avoir partout une demeure au moins convenable, une belle église s'impose dans les paroisses où se rencontrent de grandes fortunes. M. le Curé pouvait donc répéter la parole d'Esdras : « Dieu nous aide ; nous sommes « ses serviteurs ; exécutons notre entreprise ; reconstruisons le temple » (2). En effet, le temple se reconstituait sur un plan nouveau qui permettait la conservation de l'ancien et remarquable sanctuaire, tandis que, grâce à un architecte de mérite, M. Tracol père, le corps de l'édifice présentait bientôt, outre ses chapelles latérales, trois nefs s'harmonisant avec la construction primitive.

La mère et les sœurs du capitaine Blancard ont déjà fait, pour cette œuvre, d'importantes offrandes,

(1) *Evang. sec Lucam.* c. II, v. 49.

(2) *Deus cœli ipse nos juvat et nos servi ejus sumus ; pergamus et ædificemus.* I, *Esdras*, c. V, v. II.

et il souscrit lui-même une somme qui témoigne de sa générosité, et il fait cela avec cette discrétion qui ne veut pas que la main gauche sache ce que donne la main droite. Plus tard, nous le verrons s'intéresser toujours de la façon la plus intelligente et la plus surnaturelle à la décoration de la maison de Dieu.

Tel se montrait donc alors le pieux officier. Toutefois, il eût été dans une illusion profonde, s'il eût pensé qu'en retour de sa fidèle correspondance à la grâce, le ciel ne lui accorderait désormais que douceurs. Ce n'est point ainsi habituellement que sont traitées les âmes prédestinées à faire de perpétuelles ascensions vers les vertus parfaites (1). Son Dieu fut, de nouveau, pour lui beaucoup plus « le Dieu de la « croix que le Dieu des oiseaux et des roses, » suivant la gracieuse et naïve expression d'un saint évêque du commencement de ce siècle (2) ; car, comme le disait le P. de Ravignan : « C'est surtout quand l'âme est « affectée d'une émotion bien sentie que les pensées « religieuses viennent s'y placer admirablement. »

Il en avait fait l'expérience à la mort de son beau-frère et il eut l'occasion de la renouveler au commencement de 1868.

---

(1) Un jour, après une ravissante instruction sur le ciel, quelqu'un demandait au vénérable Curé d'Ars : « Que faut-il donc pour obtenir « cette récompense dont vous nous avez fait un si ravissant tableau ? « — *Mon ami*, répondit-il, *la grâce et la croix !* (*Vie du Curé d'Ars*, « par l'abbé MONNIN). »

(2) *Œuvres spirituelles* de Mgr DE CHAFFOY, évêque de Nîmes. *Notice historique*, p. 21.

Hélas ! voici encore le capitaine Blancard en face d'un cercueil. C'est le cercueil d'un neveu qu'il affectionnait tendrement. On peut dire que, dans cette circonstance, sa propre douleur s'accrut de toute celle de sa mère et de toute celle de M. et de Mme Bontoux, qui perdaient, le 5 février 1868, un fils unique, âgé de vingt et un ans, lorsque tout semblait s'être réuni pour assurer à ce vertueux jeune homme l'ensemble des avantages qu'estime le monde. Mais, comme le disait, à quelque temps de là, Mgr Dupanloup, sur la tombe non pas d'un jeune homme, mais d'un vieillard illustre : « Pour tous il arrive un moment où les hommes, où « la science, l'affection, le dévouement ne peuvent plus « rien. Et c'est ainsi que, pauvres mortels que nous sommes, génie, gloire, fortune, plaisirs, douceurs de la vie, « tout s'évanouit irrésistiblement entre nos mains et « qu'un jour nous nous trouvons seuls, seuls entre le « moment qui s'enfuit et l'éternité qui vient. Heureux « au moins qui n'a pas attendu la dernière heure pour « comprendre le néant de la vie, pour se dépouiller « de toute affection désordonnée de soi-même et des « créatures, pour se tourner vers Dieu et pour graver « dans son cœur ces mots de l'humilité chrétienne et « de l'immortelle espérance. *Expecto donec veniat « immutatio mea*, j'attends le jour de ma transfor« mation » (1).

(1) Mgr l'Evêque d'Orléans. *Eloge funèbre de Berryer.*

M. Paul Bontoux, que son oncle, le capitaine Blancard, aidé d'un prêtre ami, voulut placer lui-même dans le cercueil, avait été élevé trop chrétiennement ; il avait été constamment en face de trop entraînants exemples, soit à Vienne, soit à Lisle, pour qu'il eût attendu sa dernière heure afin de se préparer à la bienheureuse transformation dont parlait son patron, l'apôtre S. Paul. Non seulement il était demeuré vertueux ; mais, tout jeune encore, il avait jeté autour de lui une féconde semence de vertu.

Avec l'agrément et les conseils de M. l'abbé Bouroulet, nommé, depuis peu de temps, curé d'Allex, avec le concours dévoué de M. l'abbé Chanas, vicaire de la paroisse, il avait fondé une pieuse confrérie de jeunes gens sous le vocable de S. Louis de Gonzague. Il avait donné tout son cœur à cette sainte entreprise qu'il ne devait point diriger lui-même longtemps ; mais à laquelle il consacra, d'une façon touchante, une bonne part de ses dernières pensées et de ses dernières affections. Après sa mort, on trouva dans son portefeuille un pli fermé avec cette suscription :

« Ouvrir après ma mort.
« A mon père ou à ma mère ».

M. et Mme Bontoux ouvrirent, en effet, et ils lurent ce qui suit :

« Ce n'est point un testament que j'ai voulu faire,
« n'étant propriétaire de rien et ne devant qu'aux

« bontés de mes excellents parents de pouvoir jouir, « en jeune homme, des revenus du capital dont on « trouvera le détail dans mon portefeuille.

« Je ne puis qu'espérer que mon bien-aimé père « ratifiera mes derniers désirs.

« Je désire qu'il soit donné à la confrérie de S. Louis « de Gonzague de la paroisse d'Allex les titres néces- « saires pour lui assurer une rente annuelle de cent « francs, qui devra être employée de la manière sui- « vante :

« 1° A distribuer aux pauvres. . .	50 francs,
« 2° Achat d'un seul volume de piété pour le membre de la Confrérie qui l'aura le mieux mérité par sa bonne conduite sous tous les rapports	20 francs,
« 3° Somme dont la Confrérie disposera à son gré.	20 francs,
« 4° Somme qui sera employée à faire célébrer une messe tous les six mois pour le repos de mon âme et à cette messe devra assister toute la Confrérie.	10 francs.
Total.	100 francs.

« Baden (Autriche), 27 juillet 1867.

« P. Bontoux. »

Nous n'avons pas besoin de dire que les intentions du pieux défunt ont été jusqu'à ce jour fidèlement et largement respectées, car la confrérie de S. Louis de Gonzague subsiste toujours, et sa fête patronale, chaque année, fête solennelle dans laquelle est publiquement décerné le volume fondé par M. Paul Bontoux, est habituellement rehaussée par la présence de Monseigneur l'Evêque de Valence. A cette occasion, lecture est donnée, à l'église même, de la pièce que nous venons de reproduire, et que de fois n'avons-nous pas vu alors couler d'abondantes larmes non seulement des yeux du père et de la mère de l'apostolique jeune homme, mais aussi des yeux de son oncle, le baron Blancard !

Terminons ce chapitre par une pensée ravissante de S. François de Sales : Les saints, disait le bienheureux évêque de Genève, dans son langage toujours charmant, ne demeurent pas étrangers à ce qui se passe sur la terre, car, aux jours des grandes solennités de l'Eglise, « *ils se penchent sur les balustres du* « *paradis, pour nous considérer et s'associer aux* « *louanges que nous rendons à Dieu.* »

S'il en est ainsi, et nous le croyons, chaque année, lorsque revient la fête patronale de la Confrérie que le pieux neveu du capitaine Blancard établissait, il y a trente ans, à Allex, S. Louis de Gonzague et Paul Bontoux, l'un à côté de l'autre, « *se penchent sur*

« *les balustres du paradis* » pour considérer, autour d'un autel magnifiquement orné, une nombreuse et vertueuse jeunesse qui invoque son glorieux Patron et bénit la mémoire du fondateur de la Confrérie.

CHAPITRE SIXIÈME

NOUVELLE GARNISON A METZ. — MARIAGE DU CAPITAINE BLANCARD. — VOYAGE EN ITALIE ET EN AUTRICHE. — ST-AVOLD. — MALADIE. — LA GUERRE DE 1870.

(Août 1868. — Mars 1871)

Vers le milieu de cette même année 1868, le capitaine Blancard partait, avec son régiment, pour Metz qui, on s'en souvient, avait été sa première ville de garnison, au sortir de l'Ecole polytechnique.

Le 19 novembre suivant, un mariage brillant se célébrait à Tours (Indre-et-Loire), dans l'église cathédrale de St-Gatien.

Quel était le fiancé ?

Nous le connaissons déjà par tout ce que nous en avons dit jusqu'ici. Nous le connaîtrons mieux encore, après lecture de la lettre suivante, écrite à la date du 1er octobre 1868.

« Monsieur,

« Il me sera aussi agréable que facile de répondre

« à la demande que vous me faites l'honneur de
« m'adresser.

« La famille de M. le baron Blancard est fort con-
« nue dans notre pays ; elle tient un beau rang parmi
« les plus honorables et les plus honorées.

« Religieuse, amie des pauvres, dévouée au bien,
« fidèle aux bons principes, elle jouit d'une renom-
« mée des plus pures. Les familles qui lui sont appa-
« rentées sont toutes, on ne peut plus, dignes d'elle.

« Je suis en relations fort intimes avec M. le capi-
« taine d'artillerie ; nos entrevues fréquentes et fa-
« milières m'ont permis de l'approfondir mieux que
« personne et de l'estimer, je puis le dire, profon-
« dément.

« Plusieurs officiers de son régiment, quelques
« capitaines, son colonel, ont eu l'occasion de m'en
« parler ; ils l'ont fait invariablement dans des termes
« fort honorables. Ils m'ont tous paru l'estimer
« comme un officier instruit, rangé, fidèle au devoir,
« obligeant et doux.

« M. Blancard, en effet, est d'une nature bienveil-
« lante, fort honnête et pleine de sincérité, d'un
« caractère égal, modeste, d'une réserve sans timi-
« dité, d'une loyauté sans détours, d'une piété chré-
« tienne, sincère, convaincue, pratique, sans osten-
« tation toutefois.

« Depuis plusieurs mois, je l'aide à prier Dieu
« pour le choix d'une compagne, et je me réjouis,

« Monsieur, de ce que la divine Providence et votre « bonté vous instituent son Eliézer. C'est déjà du « meilleur augure ; vous lui porterez bonheur.

« Vous n'aurez pas à regretter jamais l'obligeante « médiation à laquelle vous vous prêtez et si Dieu « gratifie d'un succès vos démarches, vous aurez l'in- « time satisfaction, je vous l'assure, d'avoir ménagé « à Mademoiselle votre parente une alliance des plus « dignes, à tous les points de vue, de son attente et de « ses vœux.

« Daignez agréer, Monsieur, l'expression de mon « respect et celle de mes sentiments très distingués.

« Ch. DIDELOT. »

La famille de la fiancée, habitant la lointaine capitale de la Touraine, n'avait, à cette époque, aucune relation avec le Dauphiné, et, avec raison, elle avait pensé que M. le Curé de la cathédrale de Valence devait connaître assez les principales familles de la contrée pour être à même de fournir des renseignements exacts sur la maison Blancard et notamment sur un officier dont Valence avait été la dernière garnison. Et voici que la Providence a permis que, grâce à une nomination récente, M. le Curé de la cathédrale soit précisément l'ancien curé de Notre-Dame, c'est-à-dire le prêtre qui connaît mieux que qui que ce soit, sinon la famille Blancard, du moins le capitaine Blancard lui-même. Tant il est vrai que pour arriver à ses fins, Dieu dispose toujours toutes choses avec force et suavité, suivant le mot des Ecritures ! La lettre que nous avons reproduite fut reçue avec bonheur, on n'en doute pas, et c'est elle qui décida le mariage.

Mais la fiancée, qui est-elle, à son tour ? Quelle est la perle précieuse, *Margarita*, que le divin joaillier, par le ministère de son Eglise, enchâsse dans cet or pur que la lettre de M. Didelot a rendu si brillant ?

Evidemment, puisque, suivant le mot d'un poète qui s'est inspiré de la sainte Bible, dans cet acte si important et si décisif d'un mariage :

« On s'agenouille deux pour se relever un, »

il faut non seulement les convenances de la naissance, de l'éducation, de la fortune, mais surtout l'harmonie des sentiments, et quelle avance pour la paix, pour l'union, pour un amour réciproque et indestructible, lorsque c'est l'identité des sentiments chrétiens et des pratiques religieuses ! Alors on se fait déjà, au pied de l'autel, des sacrifices mutuels qui sont comme le gage de ceux que volontiers, de bon cœur, on se fera toujours.

Car le grand Ozanam avait raison de dire que dans le mariage « il y a autre chose qu'un contrat ; il y a « un double sacrifice ; la femme sacrifie ce que Dieu « lui a donné d'irréparable, ce qui fait la sollicitude « de sa mère, sa première beauté, souvent sa santé et

« ce pouvoir d'aimer que les femmes n'ont qu'une « fois ; l'homme, à son tour, sacrifie la liberté de sa « jeunesse, ces années incomparables qui ne revien- « dront plus, ce pouvoir de se dévouer pour celle « qu'il aime, qu'on ne trouve qu'au commencement « de sa vie et cet effort d'un premier amour pour lui « faire un sort glorieux et doux..... Voilà pourquoi « je dis que le mariage chrétien est un double sacrifice. « Ce sont deux coupes ; dans l'une se trouvent la « beauté, la pudeur, l'innocence ; dans l'autre un « amour intact, le dévouement, la consécration im- « mortelle de l'homme à celle qui est plus faible que « lui, qu'hier il ne connaissait pas et avec laquelle « aujourd'hui il se trouve heureux de passer ses « jours ; et il faut que les coupes soient également « pleines pour que l'union soit sainte et pour que le « ciel les bénisse. »

Oui, Seigneur, c'est toi qui fais naître
Les amours purs des nobles cœurs,
Qui, dès l'enfance, sais connaître
Les deux âmes qui seront sœurs.
Puis, c'est toi dont la main rassemble,
Des deux pôles de l'univers,
Malgré mille obstacles divers,
Ces deux cœurs faits pour battre ensemble (1).

Celle que le religieux capitaine Blancard épousait dans l'église cathédrale de Tours, à l'autre pôle de la

(1) Léon Gauthier : *L'amour chrétien dans le mariage.*

France, était Mademoiselle Marguerite de Neuilly, appartenant à la meilleure noblesse de la Touraine, apparentée, comme son fiancé, aux familles les plus considérables et les plus considérées de son ravissant pays.

Son unique sœur avait été mariée, en 1863, à Monsieur Frédéric-Timoléon-Henri, comte de la Taille-Trétinville, mariage béni duquel sont nés onze fils, tous dignes de leur nom et de leur religieuse éducation, dont deux, aujourd'hui déjà, sont enrôlés dans la plus sainte des milices, dans la glorieuse Compagnie de Jésus.

Son père, Prosper-Confex de Neuilly, comme celui qui devenait son gendre, avait passé par l'Ecole polytechnique et, après avoir débuté dans la marine, avait donné sa démission un an avant son mariage. Il était regardé comme l'un des hommes les plus spirituels et les plus comme il faut de son temps.

Sa mère, la bonté même, comme en conviendront tous ceux qui ont l'honneur de la connaître, sortait de la famille Odart, l'une encore des plus anciennes et des plus excellentes de la Touraine.

Comme naissance, on le voit, Mademoiselle de Neuilly ne le cédait en rien à celui qui avait demandé et obtenu sa main; elle ne lui cédait pas davantage pour l'éducation solidement chrétienne ; et cette éducation était embellie par des connaissances littéraires et artistiques que de grands et beaux voyages avaient contribué à rendre très complètes et très variées.

Tels étaient donc les fiancés agenouillés au pied de l'autel, le 19 novembre 1868. M. le chanoine Rose, ami de la famille de Neuilly et curé de N.-D.-la-Riche, leur adressa cette éloquente allocution que nous sommes heureux de pouvoir reproduire :

« *Relinquet homo patrem suum et matrem suam*
« *et adhœrebit uxori suæ et erunt duo in carne una.*
« (Genèse II, 24).

« Quitter son père et sa mère, s'attacher à un autre « soi-même et vivre deux d'une même vie, tels sont, « d'après le texte sacré, les trois degrés qui préparent « et achèvent l'union conjugale.

« C'est d'abord une séparation « *Relinquet homo* « *patrem suum et matrem suam,* » un sacrifice : ainsi « il n'est pas de bonheur ici-bas qui ne soit acheté par « une souffrance relative; c'est un adieu au printemps « de la vie et souvent un déchirement du cœur.

« Peut-on franchir le seuil témoin des joies de la « jeunesse sans qu'une larme voile nos regards ? Si « cette insensibilité est permise à d'autres, elle ne « l'est point à celles qui s'éloignent d'un père et d'une « mère comme les vôtres, d'une sœur, d'un frère et « de leurs enfants, d'une famille, en un mot, où l'on « sait aimer avec tendresse, se dévouer avec énergie, « briller par l'esprit autant que charmer par le cœur ; « cent amitiés fortes et persévérantes vous retiennent

« comme autant de chaînes difficiles à briser. Et « cependant il faut obéir à la parole divine, se séparer « pour atteindre à cette autre partie de vos destinées, « à ce complément de votre vie : *adhærebit uxori* « *suæ*. Ceux-là même qui perdent le plus à votre « éloignement se soumettent à cette loi. Entendez ce « cri maternel : Te voir partir, ma fille, c'est pour « moi comme la mort ; mais va ; c'est ton bonheur.

« Souvent déjà on vous avait proposé de belles « alliances : nom illustre, grande existence ; vous « n'avez été trompée par aucun de ces éblouissements « trop fréquents dans des circonstances pareilles. « Vous cherchiez à l'édifice de votre bonheur une « base plus solide. Mais quand on vous eut présenté « d'éminentes qualités personnelles unies à des titres « d'honneur incontestés ; quand on vous eut dit que « la famille qui se proposait de vous donner son « nom « *tenait un beau rang parmi les plus honora-* « *bles et les plus honorées ; qu'elle était religieuse,* « *amie des pauvres, dévouée au bien, que toutes les* « *familles qui lui sont apparentées sont, on ne peut* « *plus, dignes d'elle* ; » que celui qui aspire à vous « associer à sa vie est « *un officier instruit, distin-* « *gué, fidèle au devoir, d'un caractère bienveillant,* « *d'une loyauté sans détour, d'une piété sincère et* « *convaincue* (1), » alors vous avez dit un *oui* long-

---

(1) *Lettre de M. le Curé de la cathédrale de Valence*. Nous l'avons citée intégralement plus haut.

« temps désiré ; vous vous sentiez sur le terrain solide « des vrais principes, votre bonheur était abrité sous « l'égide de la religion ; vous étiez comme le Sage de « l'évangile « *qui a bâti sa maison sur la pierre* : *La « pluie est descendue* : *les fleuves ont débordé, les « vents ont soufflé et sont venus fondre sur la mai- « son* ; *elle n'a pas été renversée parce qu'elle était « bâtie sur la pierre*. (1) »

« Et vous aussi, Monsieur, puisque vous partagez « les mêmes principes, vous partagerez aussi la même « confiance. Les luttes de la vie fatiguent ; il faut les « adoucir par les charmes du foyer ; la gloire, la « science, les honneurs pèsent quand on est seul à « les porter. Vous avez demandé une compagne « digne de vous ; elle vous a été accordée. L'éléva- « tion de ses sentiments, la culture de son esprit, son « caractère, mélange charmant de grâce, de sensibi- « lité, de force, de douceur, tout l'héritage, en un mot, « des qualités paternelles et maternelles assurent in- « dubitablement votre bonheur.

« Et cependant il faut prier. L'intime union des « cœurs que le texte sacré commande, Dieu seul « l'opère ; seul il peut agir dans l'âme, au sanctuaire « le plus secret de notre liberté ; seul il peut donner « à votre union sa forme immortelle ; seul il peut « verser dans vos âmes la grâce, baume divin com- « muniquant à votre amour son incorruptibilité.

---

(1) *Evangile*, MATH., c. VII, v. 24.

« Après les prières, je bénirai un anneau. C'est le « symbole de l'union, d'une chaîne invisible, de « l'esprit même de Dieu, vous renfermant dans les « mêmes pensées, les mêmes affections. Rempli de « cet esprit, saint Louis prenait cette devise que l'his- « toire nous a conservée : « *Dieu, France, Margue-* « *rite ; hors cet anel, n'ai point d'autre amour.* » « Prenez-la aussi, elle vous convient ; il n'y a pas « même un nom à changer. Elle vous conduira aussi « à l'héroïsme, à la réalisation de toutes nos espé- « rances et de tous nos vœux.

« Mon Dieu, versez sur eux les bénédictions les plus « abondantes. Ecoutez les prières ardentes que tous « ces parents, ces nombreux amis font monter vers « vous. Accordez-leur la paix, l'union, le dévoue- « ment pendant de longues et heureuses années. Que « malgré leur éloignement, ils soient pour leur famille « une source intarissable de consolation ! Que leur « vie soit en tout et pour tous : *Honneur, vertu, bon-* « *heur* ! »

Et quels étaient, en ce solennel moment, les pensées, les sentiments des deux époux ? Dans son livre de l'*Amour chrétien dans le mariage*, Léon Gauthier les a traduits avec un charme admirable. Dans le paragraphe qui a pour titre *Le Sacrement*, il écrit ceci :

« Le monde s'imagine qu'en ce moment unique, les chrétiens donnent leur attention à cette pompe, à ces chants, à ces fleurs. Ils croient que la jeune fille ne songe alors qu'à sa parure, aux longs plis de son voile, à son livre d'ivoire. Les ennemis de Jésus-Christ ont écrit là-dessus je ne sais combien de pages frivoles, que plusieurs trouvent charmantes, mais qui nous révoltent jusqu'au plus profond de notre âme.

« Donc les deux fiancés, les deux époux sont graves. Tout disparaît pour eux. Ils ne voient plus rien de ce qui les entoure, et l'autel même s'efface de leurs yeux. Ils sont ailleurs.

« Et où sont-ils ?

« Ils sont sur une haute montagne. Sur cette montagne une croix est dressée et sur cette croix, Dieu va mourir.

« Les deux époux s'approchent de la croix, les deux mains entrelacées, et reçoivent en silence sur leurs âmes les gouttes de ce Sang divin où les sacrements puisent leur force.

« Alors ils regardent de nouveau la croix où est suspendu le Christ et ils entendent une voix douce sortir de cette bouche mourante : « J'aime l'Eglise. J'ai vécu et je meurs pour elle. Aimez-vous ainsi. »

« Et l'époux dit à l'épouse : « Je t'aimerai comme le Christ aime l'Eglise. » Et l'épouse lui répond : « Je t'aimerai comme l'Eglise aime le Christ. » Et tous deux : « Vivons et mourons l'un pour l'autre. »

« Puis ils pensent à ce qui suivra la mort et à leur éternelle union dans le ciel. »

Après avoir reçu la bénédiction nuptiale, les heureux époux partirent pour l'Italie. Ils avaient des sentiments trop religieux pour ne pas éprouver les désirs enflammés qu'exprimait, il y a quinze siècles, S. Jean Chrysostôme, qui voulait visiter Rome, sans doute à cause de son antiquité, de sa grandeur, de sa puissance, de ses palais, de ses grands hommes d'autrefois ; mais surtout parce que Pierre fut crucifié sur son Janicule, parce que Paul fut décapité près de ses remparts, parce que Rome est la capitale de l'Eglise, la patrie des âmes catholiques. Ils aspiraient aussi à recevoir la bénédiction de Pie IX.

Chemin faisant, ils visitèrent Milan avec son dôme aux mille statues, Florence dont les monuments rappellent de si grands souvenirs, Pise avec son dôme, son baptistère et sa tour penchée. Ils arrivèrent enfin dans la Ville sainte et y séjournèrent assez longtemps pour y passer les joyeuses fêtes de Noël. Quelle joie pour des âmes si chrétiennes de pouvoir vénérer, à Ste-Marie-Majeure, le bois de la Crèche du Sauveur, qui, selon l'usage, fut exposé depuis les premières vêpres de la solennité jusqu'au soir du lendemain, sur le maître-autel de la Basilique! Ils ne quittèrent point cette église sans se rappeler son origine miraculeuse qui lui a valu le nom de « Ste-Marie des Neiges » et sans s'agenouiller, dans la grande et riche chapelle Borghèse, devant le portrait de la T. S. Vierge que la tradition attribue au pinceau de S. Luc. De même, ils purent contempler, à St-Jean de Latran, la table sur laquelle Notre Seigneur célébra la dernière cène et institua l'adorable sacrement de l'Eucharistie.

Bien des années plus tard, le baron Blancard revenait volontiers sur ces souvenirs de Rome, dans des causeries intimes que la distinction de son esprit, la variété de ses connaissances et sa facilité d'élocution rendaient toujours si intéressantes. Aucun détail ne paraissait lui avoir échappé dans son voyage, et sa fidèle mémoire avait gardé le souvenir de toutes choses. Ainsi rappelait-il que la table de la dernière cène se trouve à St-Jean de Latran, dans une chapelle éclairée d'une manière insuffisante, qu'on ne peut l'apercevoir, sous de larges feuilles de cristal, qu'à travers un grillage de fer très serré. Quant à la vierge de S. Luc, on la voit très bien, quoique placée à une hauteur considérable, car elle occupe, au-dessus de l'autel, le centre d'un entablement soutenu pas des colonnes d'une incomparable splendeur, et l'autel est une urne de lapis-lazuli, comme celle qui renferme le corps de S. Louis de Gonzague dans l'église de St-Ignace; les quatre colonnes sont en jaspe oriental; la frise de l'entablement est d'agathe et l'image miraculeuse est enchâssée dans un cadre d'améthiste, enrichi de rubis, d'émeraudes, de topazes et de grenats. De même, pour tout ce qui entoure la crèche, qui n'a plus sa forme primitive. Les cinq planches qui la formaient se trouvent réunies ensemble. Elles sont minces et noircies par le temps.

Mais St-Pierre surtout fut l'objet de l'admiration du capitaine Blancard : « Quel tombeau, disait-il ! De quelle gloire l'Eglise a comblé les saints ossements de S. Pierre et de S. Paul ! Aux empereurs romains qui se proclamaient si volontiers fils des dieux, on érigea des arcs de triomphe après leurs victoires, des statues du plus beau marbre, et des tombeaux somptueux après leur mort ; mais à quel empereur la patrie reconnaissante érigea-t-elle jamais un tombeau semblable à la basilique de St-Pierre de Rome ? » Et rien ne lui avait échappé de ce monument unique. Il avait, gravées dans sa mémoire, et sa longueur de cent quatre-vingt-six mètres et sa largeur, vingt-cinq mètres, et la hauteur de sa grande nef, quarante-cinq mètres, et celle de sa coupole, cent dix-sept mètres, à l'intérieur de l'édifice, et ces autels si nombreux, et ces statues colossales, et ces cent quarante lampes qui, constamment, à l'exception du vendredi-saint, brûlent devant l'autel de la Confession sous lequel reposent, jusqu'à ce qu'ils reprennent vie, les ossements de S. Pierre et de S. Paul. Il décrivait avec enthousiasme la magnificence de cette chapelle de la Chaire de saint Pierre qui décore le fond de l'immense Basilique et ce merveilleux bénitier porté par des anges qu'on admire à l'entrée de l'église.

St-Pierre-ès-liens, où l'on vénère les chaînes miraculeuses du Prince des apôtres et où l'on voit le Moïse de Michel-Ange, la prison Mamertine avec ses trois chapelles superposées, Ste-Croix de Jérusalem avec son incomparable trésor de reliques de la Passion, St-Paul hors-les-Murs, les catacombes de S. Calixte et de S. Sébastien, la basilique et la catacombe de sainte Agnès ; puis le Colysée, le Forum, le Capitole, le Palatin, tous ces monuments encore debout et toutes ces ruines de Rome furent visités avec l'intérêt qu'y attachent l'homme instruit et surtout l'homme de foi.

La Roche Tarpéienne seule lui causa une déception complète, disait-il : « J'avais lu l'effrayante peinture qu'en faisait Sénèque et je m'attendais à voir un rocher gigantesque et taillé à pic. On ne voit plus rien de cela, le sol ayant été exhaussé de quarante pieds, assure-t-on. Tout près du plus que modeste jardin à la porte duquel on lit : « *Qui si veda la rocca Tarpea,* » je n'aperçus qu'un bloc de tuf, fort peu élevé, et, aux deux tiers, enseveli dans la terre. Cela ne me dit absolument rien. »

Dès leur arrivée dans la Ville sainte, M. et Mme Blancard avaient fait les démarches nécessaires pour obtenir une audience du souverain Pontife Pie IX. Cette faveur leur fut accordée. Ils purent s'agenouiller aux pieds du Vicaire de Jésus-Christ, entendre de sa bouche une de ces paroles qu'on n'oublie pas et recevoir une bénédiction qui leur fut toujours chère. Ils en obtinrent également l'indulgence plénière « *in articulo mortis.* »

De Rome, ils se rendirent à Venise, où ils passèrent

quelques jours et bientôt ils arrivaient dans la capitale de l'Autriche.

A Vienne, ils étaient attendus impatiemment par M. et Mme Bontoux, que la mort encore récente de leur fils avait laissés si désolés. Cette visite, du moins, leur fut une douce consolation ; ils purent garder, durant plusieurs jours, auprès d'eux, leur frère et leur nouvelle belle-sœur, ce qui permit à M. Blancard de faire déjà la connaissance de l'éminent Mgr Mislin, l'une des grandes notabilités ecclésiastiques de l'Autriche, à cette époque. Ce prélat, abbé mitré de Ste-Marie-de-Deg, en Hongrie, chanoine de l'église cathédrale de Groswardein et archidiacre de Craszna, résidait à Vienne et était intimement lié avec le beau-frère de M. Blancard. C'est lui qui, en grande partie, avait fait l'éducation de l'infortuné Maximilien, empereur du Mexique, qui l'avait accompagné en Terre-Sainte, ainsi que l'empereur François-Joseph, et, en ce moment, il travaillait à son remarquable ouvrage sur les *Saints Lieux*, ouvrage qui est, tout à la fois, suivant le témoignage d'un excellent juge (1), « une description, une histoire, une apologie, un livre de piété « d'un égal intérêt pour l'archéologue, le naturaliste, « comme pour l'historien, le géographe et pour qui- « conque veut trouver un puissant encouragement à

(1) F. Bernardino de Montefranco, custode de Terre-Sainte et gardien du Saint-Sépulcre de N. S. Jésus-Christ, plus tard général de l'Ordre des Franciscains. *Lettre adressée à l'auteur.*

« la pratique des plus nobles vertus de la religion ».

Après avoir accompagné de nouveau Leurs Altesses Royales, le duc et la duchesse de Brabant (plus tard le roi et la reine des Belges) dans leur voyage en Orient ; après avoir parcouru avec eux toute l'Egypte, la Nubie, la Palestine, la Syrie, l'Archipel, la Grèce, la Sicile et l'Italie, Mgr Mislin se disposait, en 1875, à publier une nouvelle édition, considérablement augmentée de son ouvrage ; car, disait-il, j'ai été à même de voir de nouveaux lieux, de mieux observer certaines choses, d'acquérir une plus grande expérience.

Pour en surveiller l'impression, il accepta la gracieuse hospitalité qui lui fut offerte pour plusieurs mois au château d'Allex.

A Vienne, il avait déjà été frappé de la distinction et du savoir du baron Blancard. Celui-ci, de son côté, avait admiré les vastes connaissances, le noble caractère du Prélat. Aussi furent-ils heureux de se retrouver fréquemment ensemble une seconde fois, de se faire part mutuellement de leurs impressions de voyages et des réflexions que leur suggérait la marche des événements, en France, en Autriche et dans l'Europe entière.

Bien souvent, M. Blancard obtint que Monseigneur, soit dans le salon du château ou sous les tilleuls qui l'avoisinent, soit à Lisle, rappelât la figure sympathique du prince Maximilien, son ancien élève, ou certains épisodes de son double voyage en Terre-Sainte.

C'était un vrai régal que d'entendre ces deux éminents esprits se faire part de leurs réflexions et développer des thèses où la philosophie, l'histoire, l'Evangile surtout, leur « découvraient, selon le mot de Bossuet, « tout l'ordre et toute la suite des choses » (1).

Entre autres souvenirs, qui ne se sont point effacés de notre mémoire, en voici un qui révèlera la foi et l'humilité du religieux Baron.

Mgr Mislin venait de raconter, mais avec les détails charmants que comportait une récréative conversation, le petit épisode auquel il a consacré quelques lignes de son ouvrage. Un jour, il faisait une excursion sur le mont Liban. Il était parti seul. Après une course pénible et en plein soleil, il s'arrêta au pied d'un arbre et s'endormit : « Lorsque je me réveillai, dit-il, je « vis à mes pieds un jeune chevrier qui mettait des « pierres sur mes papiers et mes livres, pour em-« pêcher le vent de les effeuiller. Il me dit, en arabe, « une quantité de belles choses qui devaient être fort « touchantes, à en juger par l'accent qu'il y mettait. « Pendant que j'écrivais, il s'approcha de moi le plus « qu'il put et il suivait attentivement ; je voyais qu'il « ne pouvait se rendre compte de mon occupation. « Croyant qu'il attendait quelqu'autre chose, je lui « offris de l'argent ; il le refusa poliment ; à la fin, il « forma le signe de la croix et me fit ainsi comprendre

---

(1) Bossuet, *Discours sur l'histoire universelle. Avant-propos.*

« qu'il était chrétien et désirait une chose sainte.
« Comme je n'avais pas de chapelet, je lui donnai une
« médaille de la sainte Vierge et quelques images de
« mon bréviaire ; il les baisa mille fois et les porta à
« son front, puis il disparut derrière les rochers » (1).

Le Prélat avait à peine terminé ce récit que le baron Blancard prit lui-même la parole : « Mais, Monseigneur, dit-il, votre jeune chevrier vient de nous indiquer une recette excellente que, pour mon compte, j'utiliserai certainement, lorsque le moment sera venu. A mon réveil dans l'autre vie, qui sait le langage que me parlera l'ange ou le saint ou Dieu lui-même devant qui je me trouverai ? Serai-je en état de le comprendre ? Me comprendra-t-il surtout ? En tout cas, je ferai un grand signe de croix et bienheureux serai-je si je gagne sa sympathie comme le chevrier du Liban gagna la vôtre. »

Et la conversation se poursuivit sur ce salutaire signe de la croix, qui avait été le seul moyen de mettre promptement en rapport un pauvre pâtre de l'Orient avec un savant pèlerin de l'Occident, sur ce signe de la croix, qui est celui de la terre et du ciel.

Le congé du capitaine Blancard touchait à sa fin. Il fallut rentrer en France et rejoindre le régiment. Les deux époux s'installèrent donc à Metz. Ils vécurent

---

(1) *Les SS. Lieux, Pèlerinage à Jérusalem*, par Mgr Mislin, tom. 1, p. 477.

quelque temps, entourés de la respectueuse sympathie de tous et réalisant le programme religieux qu'ils s'étaient fait de concert, dès le jour de leur mariage.

Ils arrivèrent ainsi à l'année 1870. Au 20 juillet, le capitaine fut nommé adjudant-major et bientôt envoyé, avec sa batterie, en détachement à St-Avold. Il ne tarda pas à y tomber malade, ce qui détermina les médecins à lui conseiller les eaux de la Bourboule.

Il s'y trouvait lorsqu'il apprit la déclaration de la guerre contre la Prusse.

On a parlé du scandale donné par tant d'hommes qui, grands discoureurs, mais faux patriotes, ne négligèrent alors aucune démarche, ne reculèrent devant aucune bassesse pour se soustraire au danger des combats. Le capitaine adjudant-major ne fut pas de ce nombre, tant s'en faut, et, à lui seul, il serait une preuve de cette vérité tant de fois exposée et constatée que la religion est la meilleure garantie du patriotisme.

Apprenant que la guerre est déclarée, il renonce à poursuivre plus longtemps sa saison d'eaux. Il part pour Paris, rappelle au ministère de la guerre qu'en 1855, on l'avait laissé partir trop tard pour prendre une part active aux combats livrés en Crimée. Il demande instamment qu'il n'en soit pas ainsi cette fois ; il tient à faire campagne. De Paris, il se rend à Orléans ; d'Orléans il va à Metz, supplie ses chefs de l'aider à réussir dans ses démarches. Cet officier est seul à ne pas comprendre que sa santé est un obstacle radical à la réalisation de ses désirs.

Mais tandis qu'il sollicite avec tant de persévérance et d'ardeur le poste que tant d'autres redoutent, les événements se précipitent. Il apprend la triste nouvelle d'une première déroute. Aussi soucieux de la sécurité de sa femme qu'il l'est peu de sa propre vie, il fait partir Mme la baronne Blancard pour Tours où elle rentre dans sa famille.

Lui-même, sous le coup des émotions douloureuses que lui causent les mauvaises nouvelles de la guerre, tombe de nouveau malade et il est évacué sur l'hôpital d'Amiens. Là, sa santé s'altère de plus en plus et lorsqu'il serait si heureux de combattre, il est renvoyé dans ses foyers.

Les deux mois qu'il passa à Tours, à Paris et à Lisle lui parurent un siècle. A la fin, il n'y tint plus ; il voulut s'utiliser de quelque manière, à ce moment où la France était envahie, et, en vue d'obtenir une fonction, il repartit pour Tours où se trouvait le siége du gouvernement. Il fut alors attaché au comité technique de l'artillerie. C'était en novembre 1870. Lorsque le gouvernement alla s'installer à Bordeaux, il l'y suivit et garda sa fonction jusqu'au jour où la paix fut signée. Il revint alors tristement à Lisle.

La feuille de ses états de service nous apprend qu'il avait été mis de nouveau en non-activité pour infirmités temporaires à la date du 31 août 1871.

On comprend maintenant cette parole de M. Bérenger, sénateur, dans le discours qu'il prononçait devant le cercueil de M. Blancard : « Ce fut une des « plus grandes douleurs de sa vie de n'avoir pu pren- « dre, à la défense de son pays, la part active que ses « études, son énergie et son ardent patriotisme sem- « blaient devoir lui réserver. »

CHAPITRE SEPTIÈME

LE BARON BLANCARD EN NON-ACTIVITÉ. — RETRAITE DÉFINITIVE. — LISLE ET SES HABITANTS. — LA MÈRE LASSAGNE ET SES GAZELLES. — EMPLOI DU TEMPS. — VOYAGES. — HIVERS A MENTON. — MORT DE MADAME LA BARONNE BLANCARD.

(Août 1871. — Janvier 1878)

Nous venons de voir combien nombreuses et pressantes avaient été les démarches du capitaine adjudant-major « pour prendre, à la défense de son pays, la part active que ses études, son énergie et son ardent patriotisme semblaient devoir lui réserver; » combien il lui fut douloureux de n'avoir pu arriver à la réalisation de ses désirs.

Aussi, dès le rétablissement de la paix, sa résolution fut prise. Un sentiment de noble délicatesse lui disait que n'ayant obtenu d'être à la peine et au danger, il devait désormais renoncer à l'honneur et à la gloire. Les champs de bataille lui avaient été interdits ; il voulut s'interdire lui-même la possibilité d'arriver aux grades plus élevés auxquels tous l'avaient cru prédestiné.

Il sollicita donc sa mise à la retraite à laquelle lui donnait droit son ancienneté de service et, en attendant le décret qui fut signé, le 30 décembre 1873, il reçut un congé illimité que son état toujours languissant ne légitimait que trop d'ailleurs.

Or Dieu dont, au témoignage de saint Paul, « *les* « *jugements sont incompréhensibles et les voies in*- « *vestigables* (1), » avait ainsi disposé miséricordieusement toutes choses, nous le verrons maintenant, en vue d'attirer son élu vers un idéal plus désintéressé et plus pur. Après l'avoir éprouvé par la privation de cette santé qui fut si souvent un obstacle à ses généreuses aspirations, il l'immolait encore sur le terrain de l'ambition et des honneurs terrestres, afin de lui ouvrir une carrière où l'homme de foi moissonnera mieux que des lauriers périssables. Il avait trouvé dans le baron Blancard une âme de bonne volonté, un cœur docile; il le ramenait dans la solitude de Lisle pour parler plus librement à ce cœur, pour agir sur cette âme d'une façon exceptionnelle.

Toutefois cette solitude ne devait être que relative.

---

(1) *Quam incomprehensibilia sunt judicia ejus investigabiles viæ ejus !* (Epist. ad Rom. c. XI, v. 33)

Il y rentrait avec une épouse aimable, dévouée et pieuse comme lui. Il y retrouvait sa vénérable mère, déjà bien infirme et qui, durant les six ans qu'elle devait vivre encore, allait, tout en conservant jusqu'à la fin la lucidité de son esprit, perdre insensiblement l'usage de la parole et la possibilité de tout mouvement, car le moment arrivait où il faudrait deviner tous ses désirs et la placer dans un fauteuil roulant pour lui faire parcourir cette grande allée où, quarante ans auparavant, ainsi que nous l'avons mentionné plus haut, elle donnait à ses enfants les premières notions de l'instruction religieuse. Mais à côté d'elle se trouvait, en même temps qu'une religieuse garde-malade, de la congrégation de N. D. de Bon-Secours, de Troyes, sa fille aînée qui, depuis le premier jour de son veuvage, n'avait plus quitté sa mère et était devenue, comme nous le lisons au Livre de Job, « *l'œil de l'aveugle, la voix de la pauvre muette,* « *le pied et la main de la paralytique, ainsi que* « *l'attentive pourvoyeuse des pauvres* (1). »

Il retrouvait en outre à Lisle les anciens serviteurs de la maison et notamment la légendaire mère Lassagne, sa vieille nourrice, qui semblait n'avoir attendu que le retour définitif de « son M. Louis, » selon qu'elle le nommait toujours, pour en recevoir encore

(1) *Oculus fui cœco, et pes claudo ; pater eram pauperum* (Job, c. xxix, v. 15).

quelques témoignages d'attachement, entonner son « *Nunc dimittis* » et mourir en paix.

Il retrouvait, parquées à l'entrée de cette vaste prairie qui s'étend devant l'habitation, comme un immense tapis de verdure, les deux gazelles qu'il avait rapportées autrefois d'Afrique. Et ici, puisque d'ailleurs nous venons de nommer la vieille nourrice, mentionnons une anecdote ou plutôt un quiproquo dont nous ne garantissons pas l'authenticité, mais qui ne paraîtra pas invraisemblable à quiconque connut la simplicité de la mère Lassagne. Elle touchait alors à ses quatre-vingts ans.

Lorsque le baron annonça d'Alger l'expédition des deux gracieux et agiles quadrupèdes, sur sa recommandation probablement, car il était si bon qu'il ne négligeait aucune occasion d'être agréable à tous, on s'empressa d'annoncer la nouvelle à sa nourrice : « Mère Lassagne, lui dit-on, M. Louis ne vous oublie pas ; il vous envoie d'Afrique de belles gazelles. » — « Oh ! comme il est toujours bon, mon M. Louis, répondit-elle ! » — Et la petite vieille qui rarement souriait, sous son bonnet blanc à double garniture tuyautée, fut toute à la joie de voir arriver bientôt ce présent dont elle était loin de comprendre la nature. Car, dans ses bonnes années, comme c'était et comme, grâce à Dieu ! c'est encore l'usage de si nombreux habitants de la contrée, elle avait fait plusieurs fois le pèlerinage de Lalouvesc, afin de prier devant le glorieux tombeau de l'illustre thaumaturge, saint Jean-François Régis.

Or les pèlerins, à cette époque, ne manquaient jamais, passant, au retour, par le village de St-Félicien, de faire abondante provision de certaines galettes spéciales, pétries au lait, au beurre et aux œufs qu'ils offraient ensuite, en même temps qu'une branche de sapin et un chapelet ou, au moins, une *Médaille du saint Père*, aux membres de leurs familles et à leurs amis. C'étaient là tout autant de souvenirs du pèlerinage incontestablement le plus populaire dans les départements de l'Ardèche, de la Drôme, de la Haute-Loire et de la Loire. Mais ces galettes de St-Félicien étaient appelées vulgairement, et nous ne savons pourquoi, des gazelles. La mère Lassagne s'était donc immédiatement figurée que M. Blancard lui envoyait d'Alger des galettes à peu près semblables à celles qu'elle rapportait autrefois elle-même de ses pèlerinages à Lalouvesc, et déjà, à l'office, elle faisait aux domestiques de la maison des promesses de distribution en rapport avec la faveur dont chacun jouissait auprès d'elle. Ceux-ci se seraient bien gardés de désabuser la bonne vieille et riaient déjà de tout leur cœur, à la pensée de la déception qui allait se produire.

Dès le lendemain de l'annonce, des ouvriers s'étaient mis au travail ; ils plantaient des pieux dans la prairie ; ils y fixaient une palissade pour former une enceinte fermée ; au pied d'un arbre et sur le bord du ruisseau, ils construisaient une loge rustique fort élégante, autour de laquelle ils plantaient des boutures de lierre ; et la mère Lassagne se demandait, à part elle, quel rapport il pouvait bien y avoir entre une installation pareille et les gazelles que lui envoyait M. Louis. Cependant elle se faisait un point d'amour-propre de ne pas adresser de questions à ce sujet aux domestiques, afin de ne point révéler son ignorance ; aux maîtres, afin de ne point manquer de discrétion.

Les gazelles d'Afrique arrivèrent enfin, et nous laissons à penser l'ahurissement de celle qui n'avait connu jusqu'alors que les gazelles de St-Félicien.

On s'amusa longtemps et bruyamment de la chose, paraît-il. Plus d'une fois même, s'il faut en croire les chroniqueurs, la mère Lassagne, à cette occasion, déclara d'un ton un peu irrité que les serviteurs de Madame la baronne n'avaient pas pour elle le respect qui était dû à la nourrice de M. Louis.

En tout cas, les gazelles n'eurent pas à en souffrir ; leur parc devint son royaume ; elle eut des soins parfaits pour « ses deux jolies petites bêtes », comme elle les nommait, car le nom de gazelles lui était devenu odieux ; à tout venant elle en faisait les honneurs avec orgueil, et, lorsque, quelques années plus tard, successivement elles moururent, elle en éprouva un chagrin profond ; mais elle put se rendre le juste témoignage que rien jamais, de sa part, ne leur avait manqué.

La mère Lassagne mourut elle-même bien peu de temps après. Elle avait passé quarante-cinq ans de sa vie au service de la famille Blancard. A ce titre surtout, elle méritait une mention dans cette histoire de son maître.

Installé à Lisle, avec l'intention d'y fixer définitivement sa tente, comme il était naturel, M. le baron ne tarda pas à être entouré d'ouvriers, car ce fut toujours l'une de ses jouissances de faire opérer des travaux de maçonnerie et de menuiserie dans la direction desquels il excellait d'ailleurs. De même, plus tard, après la mort de sa vénérable mère, représentée, pour l'instant, dans la gestion des affaires, par Madame Scipion Périer, sa fille, on devait le voir entreprendre des cultures qui assureraient leur gagne-pain à une multitude de journaliers.

Son premier soin, en tout cas, fut de composer à Madame Blancard un appartement agréable dans la partie de la vieille habitation, située au levant et offrant une vue ravissante sur la tour de Crest et, plus loin, sur les montagnes du Diois. Lui-même en fut l'architecte. Dans son cabinet de travail, dont nous aurons à parler bientôt, il dessina chaque détail ; il traça sur le papier jusqu'à la magnifique rampe en fer forgé du balcon de cette belle pièce qu'il put boiser entièrement avec les planches fournies par les cèdres du parc ; mais qu'il ne meubla jamais, conformément à ses premiers projets ; car, les infirmités venant, il la trouvait trop élevée pour un usage habituel.

De beaucoup il préféra toujours son humble cabinet de travail, situé à l'entresol. Et cependant quel étroit et pauvre réduit que celui-là ! En entrant, surtout si l'on avait traversé d'abord le grand et le petit salon si sobrement mais si richement orné, ainsi que la vaste salle à manger, décorée de bahuts et de cuivreries si remarquables, instinctivement on se rappelait ce qu'écrivait un jour saint Basile à saint Grégoire qui avait reproché à son ami certaine tendance au luxe : « Du luxe ! avait répondu saint Basile ; vous supposez que j'aime le luxe ! vous n'y pensez pas. Pour ce qui concerne ma table, par exemple, il est vrai que j'offre à manger à toute la province ; c'est mon devoir de métropolitain. Mais mieux que personne, vous savez que je suis le plus détestable de mes convives, et qu'un peu de pain, des légumes et des fruits, de l'eau pure, tout au plus, à votre occasion et en votre honneur, quelquefois une goutte de vin, forme toute mon alimentation. »

De même, dans l'un de ses admirables catéchismes, le vénérable curé d'Ars disait de saint Charles Borromée: « Ce grand saint avait dans son appartement un beau lit de cardinal que tout le monde voyait et admirait ; mais à côté, il y en avait un autre qu'on ne voyait pas et qui était fait de fagots de bois ; c'était celui dont très régulièrement il se servait. »

A en juger par son cabinet de travail, on reconnaissait facilement que le baron Blancard était de l'école de saint Basile et de saint Charles Borromée.

Ce qui était à l'usage de tous, à Lisle, était digne de la situation de la famille et de celle des nobles visiteurs qu'on y recevait souvent et toujours avec une si parfaite cordialité. Mais, pour son usage personnel, rien ne fut plus à sa convenance que son cabinet de travail, que ce lieu si étroit, si pauvre, que cet ameublement si primitif. On y voyait, à l'entrée, un vieux bureau sur lequel était dressée une armoire vitrée ; au fond, un placard creusé dans le mur ; tout à côté, appendues à la muraille, quelques armes, son épée et une autre qui était celle de son père, sans doute ; sur la cheminée, une modeste pendule, deux flambeaux, quelques objets religieux ; sur une simple planche faisant console à l'angle de cette cheminée, plusieurs petits livres. C'étaient ses livres favoris, ceux qu'il avait le plus habituellement à la main, le *saint Evangile*, l'*Imitation de Jésus-Christ*, sa chère *Introduction à la vie dévote*, de saint François de Sales, dont il arriva à pouvoir citer de mémoire des pages entières; le *Petit Office de la très sainte Vierge*. Car cet asile où il ne recevait que ses familiers et ceux avec lesquels il avait contracté une liaison intime, était déjà et devint de plus en plus pour lui comme un sanctuaire. Que de fois, son âme s'y épancha devant Dieu, n'ayant que l'ange gardien pour témoin de sa prière ou de ses actes de résignation, soit dans l'infirmité du corps, soit dans ces peines intérieures qu'il éprouva plus vives qu'on ne le saura jamais ! En retour, ce cabinet de travail était devenu pour lui un lieu de bénédiction. Là, l'onction divine semblait le remplir de lumières surnaturelles et lui fournir toutes les réponses de la vraie sagesse.

C'est là qu'un jour il disait à un ami pour lequel il était arrivé à n'avoir plus de secrets : « Il y a un instant, j'étais à réfléchir sur la formule de l'acte de charité : que de péchés de mensonge cette formule m'aurait fait commettre, si le bon Dieu prenait nos paroles comme elles sonnent : *Mon Dieu, je vous aime de tout mon cœur*. Mais, non ; je ne l'ai jamais aimé ; je ne l'aime pas encore de tout mon cœur, le bon Dieu ! aussi désormais je serai plus exact dans mon langage et je dirai : Mon Dieu, je *veux* vous aimer de tout mon cœur et par-dessus toutes choses. » Dans cette expression d'humilité et de désir, qui ne trouverait déjà la marque d'un amour parfait ?

Le soin de son âme ne l'absorbait pas tellement cependant qu'il demeurât indifférent à toute autre chose. Après les calamités par lesquelles venait de passer la France, les événements politiques dont il trouvait le récit dans les journaux et particulièrement dans la lecture très assidue de l'*Officiel* lui faisaient concevoir parfois l'espoir de meilleurs jours ; le plus souvent, il n'augurait rien de bon pour l'avenir et c'est encore alors que se révélait l'homme de foi.

C'est avec un accent plein d'angoisse qu'il répétait la parole du Psalmiste : « *Nisi Dominus ædificaverit*

« *domum, in vanum laboraverunt qui œdificant eam;* « *Nisi Dominus custodierit civitatem frustra vigilat* « *qui custodit eam* (1) : On ne veut pas mettre franchement la religion à la base de l'édifice qu'il s'agit de reconstruire, on n'aboutira à rien, sauf à multiplier les ruines..... On veut poser les principes d'une nouvelle histoire pour la France. Il faut que Dieu puisse dire : « *In capite libri scriptum est de me* (2). » Et il ne faut pas qu'il soit parlé de Dieu comme d'un ennemi, mais comme d'un père, d'un Sauveur. »

Il prenait le plus vif intérêt au travail des serviteurs et des fermiers de sa mère. Il les interrogeait volontiers ; il leur donnait quelques conseils ; mais en affirmant toujours son inexpérience en fait de culture. Et si dans ses journaux, dans un livre qui lui tombait sous la main, il découvrait un renseignement, une méthode inconnue, il s'empressait de leur en faire part et toujours avec cette bienveillance qui lui attachait tous les cœurs. Aussi venait-on déjà du dehors lui demander des conseils, solliciter des recommandations, lui soumettre des projets. Ils sont nombreux aujourd'hui, à Allex et dans les environs, ceux qui pourraient dire à quel point M. le baron Blancard se montra toujours obligeant. Etre tel, c'était

---

(1) « Si le Seigneur ne bâtit la maison, c'est en vain que travail-« lent ceux qui la bâtissent ; si le Seigneur ne garde la cité, c'est en « vain que veillent ceux qui la gardent. » (Ps. 126, v. 1 et 2).

(2) « En tête du livre, mon nom est inscrit. » (Ps. XXXVIII, v. 8).

l'effet d'une excellente nature, perfectionnée encore par une constante correspondance à la grâce.

En 1873, deux vacances s'étaient produites dans le conseil de fabrique de l'église paroissiale par le décès de deux de ses membres. Le premier, comme il était tout naturel, fut remplacé par son digne fils, par celui qui vingt ans plus tard devait prononcer sur la tombe de M. le baron des paroles d'une éloquence si émue et si profondément chrétienne. Le second eut pour successeur M. le baron lui-même qui fut aussitôt nommé président et conserva ce titre jusqu'à la fin de sa vie.

Avec quelle intelligence, avec quel absolu dévouement, il s'occupa dès lors des intérêts matériels de la maison de Dieu !

A cette époque, il fallait assainir la partie nord de l'église qui se trouve en contre-bas avec la rue principale du village ; par ses soins un travail important fut exécuté qui remédia, autant qu'il était possible, à l'humidité de cette partie de l'édifice. La fabrique était sans ressources ; de concert avec son beau-frère, il fit les frais de cette importante réparation. L'église avait sa belle chapelle de la très sainte Vierge, celles du Sacré-Cœur, de saint Jean-François Régis et de sainte Philomène. Saint Joseph n'avait pour tout partage qu'une trop modeste statue, placée dans une niche isolée. A l'occasion d'une mission, prêchée par les Pères Dominicains, un gracieux autel, surmonté d'un rétable et d'une belle statue, fut érigé en l'honneur du saint Patriarche que le Souverain Pontife ne devait pas tarder à proclamer le Patron de l'Eglise universelle. Ce fut encore une dépense considérable ; le nouveau président de fabrique y concourut pour sa large part. La sacristie n'avait pas été comprise dans l'importante restauration de l'église qu'avait menée à si bonne fin, quelques années auparavant, M. l'abbé Martin. Elle était dans un tel état qu'il fallait la raser et la reconstruire. M. le baron s'ingénia à lui donner toutes les dimensions et les arrangements que comportait un emplacement exigu. Il ne se contenta pas d'y mettre tous ses soins. Il y mit également ses deniers ; il prit à sa charge la toiture ; et comme pour voiler sa générosité : « Nous trouverons à Lisle tous les bois nécessaires, dit-il, à M. le Curé ; quant aux tuiles, c'est peu de chose et j'en fais mon affaire. »

Tel était donc l'emploi de son temps, durant les six ou sept mois qu'il passait à Lisle, chaque année, depuis sa mise à la retraite.

Lorsque l'hiver s'annonçait, il partait pour Menton, cette station hivernale qu'il trouvait incomparable, où il rencontra de si chaudes sympathies, où il devait retourner à la fin de 1892, pour y mourir bientôt. Il y séjournait habituellement jusqu'en mars. Alors il partait pour la Touraine afin de donner quelque temps à la famille si attachante de sa femme, et dans l'intervalle de son séjour à Tours, il allait passer quelques jours auprès de sa mère que Madame Périer emmenait habituellement avec elle à Paris, au commencement de janvier.

Mais, dès 1876, la paralysie de Madame la baronne Blancard était devenue telle qu'il ne fut plus possible de la soumettre à de longs voyages. Pendant quelques mois encore, on l'amena en voiture jusqu'à la porte de l'église, chaque dimanche. De là deux serviteurs la portaient sur un fauteuil jusqu'à la place qu'elle occupait habituellement dans la chapelle de la très sainte Vierge. Puis, il fallut renoncer même à l'assistance aux offices paroissiaux. Un oratoire fut alors établi à Lisle, et ainsi jusqu'à la fin, elle put jouir de l'inappréciable bienfait de la sainte Messe.

Le 5 janvier 1878, des signes se manifestèrent qui firent craindre un dénouement rapide et, comme il le faudrait toujours en pareilles circonstances, le prêtre fut appelé aussitôt. La vénérable malade reçut les derniers sacrements et le lendemain, jour de l'Epiphanie, vers quatre heures du matin, elle rendait sa belle âme à Dieu, en présence de sa fille aînée, de la religieuse qui, depuis longtemps, ne l'avait plus quittée, de quelques serviteurs et du curé de la paroisse qui terminait la récitation des belles prières des agonisants lorsqu'elle expira.

Dès la veille, son fils qui se trouvait à Menton, avait été prévenu. Il s'empressa donc d'accourir ; mais il n'arriva point à temps pour recevoir le dernier soupir de sa mère. Ce fut pour lui une grande douleur, et avec quelle ferveur et quelles larmes ne le vîmes-nous pas prier bientôt au pied de ce lit funèbre ?

Le surlendemain, il conduisait le deuil dans la cérémonie des funérailles qui furent présidées, comme le seront les siennes, par l'un des vicaires-généraux de Monseigneur l'évêque de Valence. Il y avait là vingt-cinq prêtres, un grand nombre de religieux et de religieuses et une foule immense de parents, d'amis et d'habitants d'Allex.

CHAPITRE HUITIÈME

LE BARON BLANCARD, PROPRIÉTAIRE DE LISLE. — ADMINISTRATION CHRÉTIENNE DE SA MAISON. — SA FOI ET SON ZÈLE POUR LES AMES. — LES ÉCOLES CONGRÉGANISTES LIBRES D'ALLEX. — LE SYNDICAT AGRICOLE. CHARITÉ DE M. BLANCARD. — DÉLICATESSE DE SA VERTU. — SA PIÉTÉ TENDRE. — RETRAITES DE CLAMART. — EPREUVES PHYSIQUES ET MORALES. — RÉSIGNATION HÉROÏQUE.

(Janvier 1878. — Décembre 1892.)

A la mort de la baronne Blancard (6 janvier 1878), son fils n'avait plus que quinze ans à attendre avant d'aller lui-même rejoindre les membres nombreux de sa famille qui l'avaient précédé dans la tombe. Qui le lui eût annoncé alors eût été, dans sa pensée, un bien mauvais prophète. Déjà, à cette époque, il se croyait rapproché de sa fin et fréquemment, non pas à son épouse ni à ses sœurs qu'il ne voulait point contrister, mais à des amis, il faisait des communications qui revenaient à celle de l'apôtre S. Paul disant à son disciple Timothée : « *Jam delibor et tempus resolutionis* « *meæ instat* (1) », C'est moi qui suis maintenant « marqué pour le premier sacrifice ; je me sens si « démoli que certainement ma fin n'est pas éloignée. » Il eût pu ajouter : « *Bonum certamen certavi.* » Il ne lui avait pas été donné de prendre part aux combats livrés, durant sa vie militaire, pour les intérêts et la gloire de la patrie terrestre ; mais le bon combat de la foi, il l'avait déjà vaillamment soutenu et il pouvait légitimement espérer la couronne que le juste Juge a promise à tous ceux qui l'aiment et le servent.

Quinze années encore de souffrances toujours chrétiennement supportées, de prières de jour en jour plus nombreuses et plus ferventes, de bonnes œuvres accomplies dans des vues surnaturelles, rendront un jour plus brillante cette belle couronne qui lui est réservée. Suivons donc cette nouvelle phase de sa vie.

« Plaire à Dieu et faire sa volonté est une grande « chose, a dit un illustre maître de la vie spirituelle ; « mais la faire aux dépens de la nôtre est la plus « grande de toutes » (2).

A la mort de sa mère, le baron Blancard devint propriétaire de Lisle. Ses inclinations naturelles ne le portaient point à l'administration de cette vaste propriété. Cent fois, il eût préféré suivre sa carrière mili-

---

(1) 2e *Epître à Timothée*, chap. IV. v. 6.

(2) R. P. Faber, *Vie et Lettres*, tom. II, p. 26.

taire. Il ne l'avait pu. La volonté de Dieu était manifeste. Il se mit donc résolument à accomplir cette divine volonté « aux dépens de la sienne. » Fortement incliné aux pratiques spirituelles, il ne les négligea point assurément, comme nous le constaterons bientôt, mais il eut la sagesse de comprendre que l'accomplissement de nos devoirs d'état, dans les conditions diverses où nous place la Providence, comme aussi, les œuvres de zèle ayant pour but le salut du prochain, ont plus de valeur encore, en tant que devoirs, que les pratiques de dévotion, même les plus excellentes.

Le voici donc installé au milieu du personnel qui dépend de lui et se faisant une loi de ne s'en éloigner désormais qu'autant que de graves intérêts ou les bienséances le lui commanderont. Il étudie avec un soin tout particulier l'agriculture à laquelle l'ont voué les circonstances, consultant ceux qu'il juge aptes à lui fournir d'utiles renseignements, s'abonnant à certaines revues qui lui permettront de proposer à ses fermiers ou à ceux de ses domestiques qui cultivent des terres de réserve les essais nouveaux. Il a eu, d'ailleurs, la bonne fortune de s'adjoindre, pour ce genre de travail, un auxiliaire aussi dévoué qu'intelligent. C'est encore un tout jeune homme qui doit vieillir sous son toit, qui partagera ses labeurs et qui, plus tard, vu l'élévation de son esprit, la droiture de son caractère et sa valeur morale, méritera de se voir traité plutôt comme un ami que comme un serviteur.

A quelques kilomètres de Lisle, d'importantes plantations de vignes ont été faites dans un sol sablonneux, gagné sur la rivière de la Drôme. Ces vignes, inondées chaque année, bientôt après la vendange, semblent, plus que d'autres, échapper aux ravages du phylloxera. Aussitôt, ayant lui-même des terres propices, il se livre à une expérience pareille. Et, en cela, l'homme charitable et religieux entrevoit surtout l'avantage de pouvoir occuper plus de bras et d'assurer du travail, durant l'hiver, à de nombreux cultivateurs du voisinage. Il se procure ainsi l'occasion facile de voir les uns et les autres, de leur adresser une parole utile, de contribuer, par un conseil ou par un affectueux reproche, à la répression d'un désordre, de maintenir dans la bonne voie ceux qui ont le bonheur de s'y trouver engagés, et ainsi de tourner les âmes du côté de Dieu.

Il s'applique surtout à conserver à sa maison tous les caractères d'une maison vraiment chrétienne. Pénétré de cette pensée exprimée par le Père de Ravignan qu'il n'y a pas de plus claire preuve d'athéisme pratique que la violation du saint jour du Dimanche, il facilite à tous l'assistance aux offices et, sous aucun prétexte, il n'autorise dans ses terres ou dans sa maison le travail défendu en ce jour que le Seigneur veut pour lui. Et lorsque, très exceptionnellement, pour sauver, par exemple, une importante récolte, à l'approche d'un orage, il pensera que la loi du repos dominical n'oblige plus, M. le Curé de la paroisse sera d'abord consulté et, en tout cas, toujours il imposera à ceux qui dépendent de lui, l'assistance à la sainte messe. De même, la prière du soir continuera à se faire en commun, réunissant, comme en une seule famille d'enfants de Dieu, maîtres, serviteurs et fermiers. La présence même d'étrangers, seraient-ils d'une religion différente, ne fera jamais, un seul jour, déroger à cette salutaire pratique qu'il serait si beau et si bon de voir se généraliser davantage.

Nous savons quelle impression profonde a produite, maintes fois, le spectacle de cette prière commune.

De même, le baron Blancard, soucieux, comme devraient l'être tous les maîtres, de l'âme de leurs serviteurs, crée pour les siens des moyens de préservation. Ainsi, pour les longues veillées d'hiver, il met à leur disposition une salle où, une fois leur tâche de travail accomplie, ils pourront se livrer à des jeux honnêtes, où ils trouveront, à la place de feuilles impies et de romans corrupteurs, des journaux rédigés dans un sens chrétien, des volumes et des brochures capables de fournir des lectures édifiantes et utiles.

Il était pénétré, par dessus tout, de la puissance du bon exemple. Il avait pris pour lui cette sage recommandation que S. François d'Assise adressait autrefois à des religieux de son Ordre qu'il avait nommés provinciaux : « Faites que vos œuvres d'abord soient « des conseils et des leçons, si vous voulez que vos « inférieurs puisent dans vos paroles des règles de

« conduite et qu'ils exécutent les commandements « que vous leur donnez. » Il s'appliquait donc constamment lui-même à être un fidèle observateur de la loi de Dieu, et cela, sans doute, en vue d'exercer le zèle à l'égard de son âme et d'acquérir quelques mérites, tandis qu'un temps bien court, selon qu'il le pensait, lui en était encore laissé ; mais aussi, pour obéir à ce sentiment que Bossuet exprimait avec tant d'éloquence dans une prière finale de l'une de ses plus belles Elévations sur les Mystères : « O Jésus, « par la soif ardente que vous avez eue sur la croix, « donnez-moi d'avoir soif de toutes les âmes et de « n'estimer la mienne que par la sainte obligation qui « m'est imposée de n'en négliger aucune. Je les veux « aimer toutes, parce qu'elles sont toutes capables de « vous aimer et que c'est vous qui les avez faites avec « cette bien heureuse capacité. »

La soif ardente de toutes les âmes, il l'avait au plus haut degré. Nous avons eu déjà l'occasion de le constater, lorsque nous l'avons entendu exprimer le regret de ne pouvoir répandre à profusion les ouvrages de M. Auguste Nicolas qui lui ont été si utiles à lui-même ; lorsqu'il a fait parvenir si discrètement les deux volumes de l'*Art de croire* à un vieillard qui ne pratique point encore les grands et consolants devoirs de la religion.

A l'époque où nous a amenés la suite de ce récit, voici ce qu'il écrit un jour à un prêtre, et nous sommes heureux que cette lettre ait été conservée, lorsque tant d'autres, disparues, nous révèleraient si parfaitement son âme si humble et si généreuse :

« Vous savez presque aussi bien que moi combien « j'aurais besoin d'ensevelir ma pauvre vie pécheresse « sous une montagne de bonnes œuvres. J'ai donc « tenté un coup, ces temps derniers, sur l'impression « que m'avait laissée ce passage de l'Evangile : « *Celui « qui convertira un pécheur sauvera une âme de la « mort et, de plus, il effacera la multitude de ses « propres péchés* (1). J'ai entrepris la conversion de « M. X. Il est si grand dommage qu'à toutes les qua- « lités que je lui connais, ce brave garcon n'ajoute « pas celle d'être pratiquement, totalement religieux !

« Je lui avais écrit en des termes affectueux que « je m'étais appliqué à rendre aussi modestes et « discrets que possible ; car je suis assez peu autorisé « à dire à qui que ce soit : soyez chrétien et chrétien « pratiquant, moi qui pratique sans doute, mais tou- « jours si mal.

« Eh bien ! je me suis brûlé les ailes. . . . .
« . . . .

« Priez à mes intentions, je prierai de mon côté et « puisque souffrir patiemment est encore un genre « excellent de prière, je tâcherai de me bien compor-

---

(1) *Qui converti fecerit peccatorem ab errore viæ suæ salvabit animam ejus et operiet multitudinem peccatorum suorum.* (*Epist. Jac.*, c. v, v. 20.)

« ter en face des nouvelles misères dont je me crois « menacé. Il faut qu'à nous deux, nous enlevions « notre homme, avec la grâce de Dieu, bien entendu. »

. . . .

Les traits de ce genre ne furent pas rares dans sa vie. Nous en connaissons plusieurs qui révèlent une âme d'apôtre et nous regrettons que leur caractère trop intime nous interdise de les citer.

Mais voici où son zèle trouva de nouveau à s'exercer avec le dévouement et la sagesse qui le caractérisaient.

Le trop fameux article 7, relatif à la laïcisation des écoles, venait d'être voté. Son cœur avait alors bondi d'indignation : « Ah ! disait-il, nos ennemis savent bien ce qu'ils font. En supprimant l'enseignement religieux dans les écoles, ils auront vite déchristianisé la France et, la France déchristianisée, le pays est perdu. » Et c'est alors qu'il citait cette parole d'Alban Stolz : « Si j'étais le diable et que le peuple me choi- « sît pour son député et m'envoyât à la Chambre, je « ferais une motion qui procurerait à l'enfer le plus « de clients et de profit possible, à savoir qu'il faut « affranchir entièrement l'école de l'Eglise. »

Il espérait, du moins, que l'école communale de filles, dirigée à Allex et depuis quarante-quatre ans, par les religieuses de la Congrégation de Ste-Marthe, dont la Maison-Mère est à Romans, serait l'une des dernières à subir les effets de cette loi néfaste : « Notre personnel de religieuses est trop bien composé, disait-il, pour que qui que ce soit ici ose lever le lièvre. Et, en effet, M. Jules Simon eut pu prendre Allex pour exemple, lorsque du haut de la tribune de l'assemblée législative, il lançait cette parole à la face de ses adversaires : « Vous voulez imposer l'école neutre, et c'est un père de famille sur cent qui la réclame ! »

Et certes, la faveur dont jouissaient les religieuses était bien méritée. On nous permettra de citer ici quelques noms inoubliables qui demeurent gravés dans le souvenir et dans le cœur de la population d'Allex. Durant dix-huit ans, la vénérée sœur Samuel avait été, non-seulement pour les enfants qu'elle avait formés, mais pour la paroisse entière un modèle parfait de piété, de tendresse et de dévouement. A la tête d'une première classe, puis comme supérieure de la maison, on avait vu longtemps sœur Marie-Agnès que ses qualités éminentes devaient appeler un jour à l'honneur d'être élue Supérieure générale de sa Congrégation ; et, à son départ d'Allex, elle avait été remplacée par sœur Rose-Aimée dont le baron Blancard eut si souvent l'occasion de proclamer l'intelligence et la sage direction. Celle-ci avait été transférée de Livron où elle dirigeait également une première classe. Or, l'année précédente, M. l'Inspecteur primaire de Valence avait fait, selon l'usage, la visite des écoles tant congréganistes que laïques de l'arrondissement, et, dans son rapport officiel, il avait établi que généralement les écoles congréganistes étaient les mieux tenues et que s'il avait à classer ces écoles par ordre de mérite, ce serait à celle de Livron et notamment à la classe de sœur Rose-Aimée qu'il donnerait le premier rang. Ajoutons enfin que dans cette petite communauté d'Allex, sœur St-Mathias avait été durant quatorze ans, la servante ou plutôt l'esclave des malades et des pauvres. Tandis que ses compagnes se dépensaient en faveur des enfants, cette humble sœur converse se consumait elle-même en faveur de la paroisse entière. Il n'y avait pas de maison qu'elle n'eût visitée, pas d'affliction qu'elle n'eût consolée, pas de blessures ou d'ulcères qu'elle n'eût pansées, pas d'expédient qu'elle n'eût employé pour se procurer la nourriture et le vêtement de ses chers pauvres. Elle était morte à la peine et, quelques heures avant d'expirer, elle avait éprouvé une joie immense à l'annonce que ses restes reposeraient dans le cimetière d'Allex, confondus avec les restes de ceux qu'elle avait elle-même préparés à saintement mourir, qu'elle avait ensevelis et accompagnés à leur dernière demeure.

Tel était donc le personnel de cette communauté. Depuis quarante-quatre ans il était toujours le même; car à l'humble religieuse qui s'était épuisée de bonne heure dans une classe ou au service des pauvres et des malades en avait toujours succédé une autre animée du même esprit et du même dévouement.

Le baron Blancard avait donc raison de dire, se faisant l'écho de la population d'Allex : Non, il n'est pas possible qu'avec tant de titres à la reconnaissance, nos religieuses soient victimes de cette loi qu'on a appelée de son vrai nom en l'appelant une loi scélérate; il n'est pas possible qu'on ose leur dire : Sortez d'ici ; nous ne voulons plus de vous ni de vos services.

Hélas ! où ne se trouvent pas quelques sectaires, quelques hommes à qui la reconnaissance est un poids trop lourd à porter et qui déclarent la guerre à la la vertu, parce que celle-ci est la perpétuelle condamnation de leurs vices ?

Il y eut bien, à Allex, quelques hommes de ce genre, puisque, à la date du 13 décembre 1882, une décision préfectorale prononçait la laïcisation de l'école et cette décision devait être exécutée dès le 1er janvier 1883.

On peut juger de l'effet que produisit cette nouvelle dans l'âme des habitants d'Allex : mais surtout dans l'âme du baron Blancard.

Toutefois il n'est pas homme à se borner à des protestations stériles. Aussitôt, il a réuni quelques hommes dévoués qu'il a constitués en comité. Son beau-frère a généreusement offert, dans les dépendances du château, un vaste local pour l'installation d'une école libre ; et, tandis que les membres du comité parcourent le pays pour recueillir des offrandes destinées à faire les frais d'un nouveau mobilier scolaire et à assurer le modeste traitement des religieuses, le baron Blancard qui concourt à l'œuvre en souscrivant une somme importante, y concourt également de sa personne; il dirige les travaux nécessaires à une prochaine installation ; il stimule les ouvriers, il encourage les religieuses. Et lorsque, quelques jours plus tard, la paroisse entière se rend en procession à cette gracieuse chapelle que sœur Samuel avait autrefois bâtie tout à côté de ses classes et qu'au chant du *Parce Domine* et du *Miserere*, on rapporte le très saint Sacrement à l'église paroissiale, on voit les religieuses expulsées suivre en larmes et un cierge à la main, le Dieu de l'Eucharistie expulsé comme elles, et, tout à côté, le baron Blancard dont la foi outragée ne fait qu'ajouter au mérite de sa fervente prière.

A quelques jours de là, les religieuses de Ste-Marthe ouvraient leurs classes dans le nouveau local et elles y voyaient accourir les cinq sixièmes de leurs chères enfants.

Cette école libre ne cessa plus d'être l'objet de tous les soins, nous dirons même de toutes les tendresses de M. le baron. Il y revenait fréquemment, s'informait avec le plus vif intérêt des moindres détails, concernant la communauté et les classes, encourageant les enfants, leur donnant lui-même les conseils les plus sages, leur adressant même à l'occasion de paternelles réprimandes.

Un jour, après son déjeuner, il est venu au village; il s'agit d'examiner certain arrangement qui paraît s'imposer dans le local occupé par les Sœurs, à raison du nombre croissant et inespéré des pensionnaires. Il aime les enfants et sur son désir, Mme la Supérieure l'accompagne auprès de cette bruyante jeunesse qui joue à l'ombre des beaux tilleuls du parc. A une heure, la récréation finit et la maîtresse donne le signal de la rentrée. Or, tandis que toutes les enfants sont déjà rangées deux à deux pour monter dans leurs classes respectives, une petite fille ne se décide qu'avec peine à quitter la balançoire. Ce ne fut pas long et bientôt elle eut rejoint son rang. On remonta donc. M. Blancard suivait la nombreuse troupe et lorsque les élèves furent à leur bureau l'excellent baron prit place sur l'estrade de la maîtresse et, sur le témoignage de sœur Rose-Aimée, voici à peu près le texte de la page d'orthographe qu'il leur dicta :

« Lorsque j'étais officier d'artillerie, si j'avais re-
« marqué un soldat ne pas m'obéir plus promptement
« que la petite fille restée la dernière sur la balan-
« çoire, il n'aurait pas échappé à une heure de salle
« de police. Rien n'est important pour des enfants et
« rien n'est beau comme la vertu d'obéissance. Vous
« devez toujours obéir au premier signal de vos maî-
« tresses et de vos parents. Souvenez-vous que l'En-
« fant Jésus obéissait toujours promptement ; pourquoi
« n'obéiriez-vous pas de même ? On rapporte d'un
« homme illustre, qu'on appelait Joseph de Maistre,
« que son père n'avait qu'à paraître sur le seuil de la

« porte de son jardin, l'heure de la classe étant arrivée.
« Il ne disait pas un mot ; il lui suffisait de se montrer
« pour qu'aussitôt il vît tomber les jouets des mains
« du petit Joseph qui ne se serait pas permis de
« lancer, même une dernière fois, la balle ou le vo-
« lant. Mes enfants, obéissez comme l'Enfant Jésus
« et comme Joseph de Maistre. »

Ce que nous venons de raconter longuement au sujet de la part prise par le baron Blancard à l'établissement d'une école congréganiste libre de filles, nous pourrions le redire encore en ce qui concerne l'école congréganiste libre de garçons. Depuis longtemps il songeait à la création de cette œuvre nouvelle, sollicitée par la grande majorité des familles. La question de local en avait seule ajourné la réalisation, lorsque la Providence y pourvut, en inspirant à M. de Gailhard-Bancel la généreuse pensée d'offrir, pour cela, sa vaste maison du village. Dès ce moment, aidé comme toujours du concours empressé de M. Bontoux et des membres du Comité des écoles, M. Blancard se mit à la tête du mouvement, et ce ne sera certainement pas enlever à qui que ce soit une part du mérite de chacun, en disant que l'école aujourd'hui si florissante des Frères Maristes lui doit, comme toutes les autres œuvres, la plus vive reconnaissance.

Il ne fut pas étranger davantage à la formation du syndicat agricole d'Allex. Ecoutons, à ce sujet, le modeste et vaillant président de cette belle association :

« Et notre œuvre elle-même, disait-il le 23 mars 1893, « dans un discours que, plus loin, nous nous ferons « un devoir de reproduire *in-extenso*, notre syndicat « agricole qui nous rassemble aujourd'hui autour de « son cercueil, que ne lui doit-il pas aussi ? Lorsqu'il « fut question de l'établir, ce fut lui qui m'excita à « aller de l'avant, qui me guida, qui me soutint de « ses conseils et de ses encouragements ; et combien « de fois, depuis lors, n'ai-je été que l'écho affaibli « des avis sages et judicieux qu'il aurait été si heureux « de pouvoir nous apporter lui-même ! »

Déjà plus haut, nous avons eu l'occasion de constater quel fut son zèle pour la maison de Dieu. Nous ne reviendrons sur ce sujet que pour citer le témoignage qui, du haut de la chaire et à la cérémonie de ses funérailles, lui était rendu par M. le Curé d'Allex : « On ne sera pas étonné, disait-il dans son allocution « si émue, que je place sur ses lèvres ces mots du « Prophète-Roi : « *Zelus domûs tuæ comedit me*, le « zèle de votre maison, Seigneur, me dévore. Comme « il a mis son esprit et son cœur tout entiers à traiter « les affaires concernant notre église, pendant les « longues années où il a rempli les fonctions de prési- « dent du Conseil de Fabrique de la paroisse ! Ce n'est « pas tout ; connaissant la pauvreté de cette église, « il a, avec une attention aussi délicate que pieuse, « fourni lui-même, ces dernières années, le vin néces- « saire pour l'oblation du divin sacrifice. C'est à son

« double sentiment de piété et de charité que nous « devons la belle exposition qu'il nous a donnée, il y « a deux ans, pour le T. S. Sacrement. »

C'est à l'occasion de cette dernière offrande que M. Blancard écrivait, tandis qu'il était encore étendu dans son lit où un grave accident le retint durant plusieurs mois : « Le bon Dieu m'a bien éprouvé et « il faut que je sois un bien grand pécheur pour que « la T. S. Vierge, au jour de son Immaculée Concep- « tion, m'ait offert un si triste cadeau de fête ; mais « je tiens à leur montrer que je suis sans rancune et « je viens de promettre une belle exposition qu'il me « tarde bien de voir rayonner sur le tabernacle aux « jours d'adoration du T. S. Sacrement. »

Que dirons-nous maintenant de ses autres œuvres charitables ? Ici, laissons encore la parole à M. le Curé d'Allex : « Ses bonnes œuvres furent les compagnes « inséparables de sa charité. On en aura déjà une « idée quand on saura où il puisait pour les accomplir. « M. Blancard avait deux caisses ou trésors. Il ne « recevait jamais une somme d'argent, de quelque « côté qu'elle vînt, sans en prélever d'abord une bonne « part qu'il déposait dans sa caisse des œuvres avant « de placer le reste dans sa propre caisse. Dieu seul « sait combien la première s'est remplie de fois pour « se vider au profit des bonnes œuvres. Aussi les « pauvres d'Allex et d'ailleurs ne se retirèrent jamais « les mains vides, et les quêteurs pour œuvres, tant à

« son domicile que par correspondance, trouvèrent « toujours auprès de lui parfait et généreux accueil, « pourvu que l'œuvre fût saine et honnête. » Signalons ici que sa dernière offrande personnelle fut l'envoi fait à un ancien vicaire d'Allex, aujourd'hui curé d'une paroisse populeuse, d'une somme d'argent en faveur d'une école congréganiste libre.

Les enfants ! il les aimait tant et leur instruction chrétienne lui était si à cœur ! Nous nous souvenons qu'un jour, le prône de la messe paroissiale ayant été remplacé par le catéchisme, comme cela arrivait une fois chaque mois, un jeune enfant, dont la piété d'ailleurs égalait l'intelligence, répondit avec une assurance parfaite à toutes les questions qui lui furent adressées. Les explications même de la doctrine chrétienne sortaient comme naturellement de la bouche de cet enfant exceptionnel. M. Blancard était là, suivant le dialogue avec le plus vif intérêt, car, de beaucoup, il préférait l'instruction familière du catéchisme aux prédications plus solennelles. Aussitôt la messe achevée, il vient à la sacristie : « L'enchantement « des docteurs de la loi, dans le temple de Jérusalem, « quand ils écoutaient les réponses de Jésus, ne fut « certainement pas plus grand que n'a été le mien, « dit-il à M. le Curé, lorsque j'ai entendu votre petit « bonhomme vous répondre si parfaitement. Quel est « donc cet enfant ? Quelle joie pour ses parents s'ils « se sont trouvés là ! Pensez-vous qu'il y ait quelque

« chose à faire pour lui à l'occasion de sa première « communion ? Je m'en chargerais bien volontiers. » Et comme M. le Curé l'assura que cet enfant appartenait à une famille aisée pouvant parfaitement se suffire : « Oh ! reprit-il, ces gens-là me laisseront bien lui « offrir un souvenir de la satisfaction qu'il m'a pro- « curée. » Et, en effet, au jour de sa première com- « munion, l'enfant avait entre les mains un livre d'Heures superbe. C'était un cadeau du baron Blancard.

C'est ainsi que la bonté, la délicatesse de son cœur se traduisaient de toutes manières et à l'égard de tous.

Dans ce même discours de M. le Curé d'Allex, dont nous ne saurions citer de trop nombreux extraits, nous lisons encore : « Je n'oublierai jamais cette déli- « cate attention qu'il eut un jour pour moi, au retour « d'un voyage à Paris : Monsieur le Curé, me dit-il, « vous m'avez appris à aimer l'*Imitation de Jésus-* « *Christ*, veuillez agréer un exemplaire de ce beau et « bon livre que j'ai apporté pour vous. Et il m'en « présenta une magnifique édition. J'acceptai avec « bonheur, quoique la supposition émise fût moins « exacte que délicate et bienveillante, notre excellent « chrétien n'ayant pas eu besoin de moi pour appren- « dre et pour goûter l'*Imitation*, » ce livre le plus beau qui soit sorti de la main des hommes, disait Fontenelle, puisque l'Evangile n'en vient pas.

De même, quelques années auparavant, celui qui

écrit ces lignes recevait la série complète des Méditations du R. P. Monsabré, sur les Mystères du saint Rosaire, avec ces mots : « Ce matin, je suis entré chez un « libraire. Les sept brochures du P. Monsabré sur le « Rosaire me sont tombées sous la main. Je vous les « envoie. Elles vous feront plaisir, je pense, et, pour « solde de mon petit paquet, un *Ave Maria*, s'il vous « plaît ! Bien à vous. BLANCARD. »

Un autre jour : « Je gage que vous n'aviez qu'un « seul plioir et vous ne savez ce qu'il est devenu. Ne « le cherchez pas plus longtemps ; il est ici. Nous « l'avons trouvé dans l'un des numéros des *Etudes « Religieuses* qui ont fait retour. Et comme je préfère « que vous veniez le chercher, je vous en adresse un « autre qui vous servira, en attendant, et que vous ne « rapporterez pas, bien entendu. » C'était une aimable façon d'offrir un plioir fort élégant, en ébène et monté en argent.

Un dernier trait pour montrer la délicatesse et en même temps la tendre piété de cette âme.

Vers le milieu de décembre 1891, M. Blancard nous écrit : « Le principal n'est pas ma lettre ; c'est ce petit « bristol que je vous envoie et sur lequel j'ai transcrit, « avec une application d'écolier, ce que vous lirez, « comme moi, avec le plus vif plaisir durant ces pro- « chaines fêtes de Noël. Les saints sont seuls capables « de parler ainsi de l'enfant Jésus et de la très sainte « Vierge. Lisez donc d'abord le bristol ; vous pour-

« suivrez la lecture de ma lettre ensuite..... » Nous lûmes, en effet, sur le petit bristol qui, depuis, n'est plus sorti de notre bréviaire, ces versets charmants de S. Alphonse de Liguori :

« Les cieux ont suspendu leur douce harmonie,
« lorsque Marie a chanté pour endormir Jésus.

« De sa voix divine, la Vierge de beauté, plus bril-
« lante qu'une étoile, chantait ainsi :

« Mon Fils, mon Dieu, mon cher trésor, tu dors,
« et moi je meurs d'amour en face de ta beauté ;

« Dans ton sommeil, ô mon bien, tu ne regardes
« plus ta mère ; mais l'air que tu respires est comme
« du feu pour moi.

« Tes yeux fermés me pénètrent de leurs traits ;
« que sera-ce de moi quand tu les rouvriras ?

« Tes joues de rose ravissent mon cœur. O Dieu !
« mon âme se meurt pour toi !

« Tes lèvres charmantes attirent mon baiser ; par-
« donne, ô chéri ! je n'en puis plus.

« Elle se tait, et, pressant l'Enfant sur son sein,
« elle dépose un baiser sur ce divin visage.

« Mais l'Enfant bien-aimé se réveille et, de ses beaux
« yeux pleins d'amour, il regarde sa mère.

« O Dieu ! pour Marie, ces yeux, ce regard, ce
« sourire, quels traits d'amour qui blessent et traver-
« sent son cœur !

« Et toi, mon âme, si insensible, si dure, tu ne

« languis pas à ton tour, en voyant Marie languir de « tendresse pour son Jésus !

« Divines beautés, je vous ai aimées bien tard ; « mais désormais, je brûlerai pour vous sans fin.

« Le Fils et la Mère, la Mère avec le Fils, la rose « avec le lis, ont pour jamais tous mes amours. »

Après tout ce que nous avons dit, on le voit, le baron Blancard vivait dans un monde tout surnaturel. Sans doute, selon le conseil et les expressions de S. François de Sales, dont il goûtait si délicieusement la doctrine, « il s'appliqua toujours à sa besogne, c'est-à-dire à ce que Dieu requiert de nous selon notre vocation, fervemment et humblement, ne pensant qu'à cela, n'estimant pas de trouver nul moyen de nous perfectionner meilleur que celui-là. » Mais il savait, en même temps, que si les pratiques de dévotion ne constituent pas la religion elle-même, elles contribuent puissamment à nous faciliter l'accomplissement des devoirs essentiels qu'elle impose.

C'est pourquoi il recourait si fréquemment et toujours avec une préparation si parfaite aux sacrements de la Pénitence et de l'Eucharistie. Plusieurs fois, il accomplit de saints pèlerinages : à N.-D. de Lourdes, à N.-D. de Fresneau, à Lalouvesc. Durant ses séjours à Paris, on le voyait souvent au pied de N.-D. des Victoires ; il faisait et conseillait des neuvaines à

N.-D. du Sacré-Cœur, qui s'était montrée pour lui très secourable, disait-il. Sa piété envers la très sainte Vierge se traduisait encore par la récitation quotidienne du chapelet et du petit office dont il avait étudié tous les psaumes, toutes les antiennes. L'*Ave Maris stella*, le *Magnificat*, l'oraison : *Gratiam tuam, quæsumus, Domine, mentibus nostris infunde* le ravissaient. Même au simple point de vue littéraire, nous disait-il un jour, peut-on trouver quelque chose de plus beau que cette oraison ? Il se préparait à la célébration des solennités de l'Eglise par la lecture assidue de l'*Année liturgique* de Dom Guéranger. Chaque jour, il consacrait un temps déterminé à la lecture spirituelle et ses livres préférés étaient l'*Evangile,* l'*Imitation de Jésus-Christ* et l'*Introduction à la vie dévote,* dont les textes, vers la fin de sa vie, lui revenaient à la mémoire et sur les lèvres en toute occasion.

En 1885 et en 1886, tandis qu'il pouvait encore rompre avec sa vie ordinaire, il suivit les retraites d'hommes, prêchées à Clamart, sous la direction des Pères Jésuites. Nous avons eu sous les yeux l'analyse qu'il faisait, après chaque instruction, des grands enseignements qu'il avait entendus et des résolutions généreuses qu'il avait prises. Il garda toujours un précieux souvenir de ces deux retraites et on ne perdit pas davantage le souvenir du retraitant, car quelques jours après la mort de son mari, Mme la baronne Blancard recevait la lettre qui suit :

« Madame,

« Bien que je n'aie pas l'honneur d'être connu de « vous personnellement, j'éprouve le besoin de vous dire « à quel point je m'associe à votre grand deuil. J'avais « eu avec celui que vous pleurez des rapports d'une « nature si intime ; j'avais si bien eu l'occasion d'ap- « précier cette grande et belle âme que, plus qu'un « autre, je suis à même de comprendre tout ce que « vous avez perdu et de mesurer l'étendue du sacrifice « que Dieu vous a demandé.

« Il est bien évident que rien ne comblera le vide « qui s'est fait dans votre vie. Mais si quelque chose « peut adoucir votre douleur, c'est la certitude que ce « cœur si méritant est enfin en possession de la « récompense à laquelle il aspirait. Une vie de souf- « frances continuelles et de rudes privations a fait « place pour lui au repos désiré. Bien qu'absent, vous « devez sentir qu'il est près de vous et qu'en toutes « circonstances il est prêt à vous aider. Vous l'aimiez « pour lui-même plus que pour vous.

« Réjouissez-vous donc de ce que son épreuve est « terminée. Peu d'hommes en auront eu une plus « sensible et plus longue ; raison de plus pour croire « qu'elle lui en aura épargné une autre et qu'elle l'aura « conduit tout droit jusqu'à l'éternelle jouissance.

« Je me recommande à vos prières et suis, avec le « sentiment le plus respectueux,

« Votre dévoué serviteur.

« A. Matignon, S. J. »

Nous sommes ainsi amené à parler des souffrances et des épreuves auxquelles le baron Blancard se trouva soumis durant les dernières années de sa vie.

Nous avons eu l'occasion déjà de dire à quel point sa santé était ébranlée au moment où il abandonna, avec tant de regret, sa carrière militaire. On pouvait, du moins, espérer alors qu'avec une vie plus calme, passée en grande partie à la campagne, avec des exercices proportionnés à ses forces et des soins plus attentifs et plus réguliers, ce tempérament débilité pourrait reprendre quelque vigueur. Il n'en fut rien. A de trop rares intervalles, il put vaincre la répugnance de son estomac à recevoir une nourriture suffisante ; aussi sa maigreur excessive demeura-t-elle toujours la même. L'exercice si salutaire de la marche lui était difficile et pénible ; les insomnies très fréquentes. Que de fois ne fallut-il pas, après plusieurs nuits successives passées sans repos, recourir à la médecine pour obtenir un sommeil qui, dans de telles conditions, n'était point réparateur ? Par intervalles, se produisaient des crises nerveuses qui dénotaient une lésion de l'organisme, et, en outre, il se trouvait parfois réduit à un tel état qu'il croyait le jeu de la vie totalement suspendu pendant quelques instants.

Un jour, il faisait à un de ses amis cette confidence qui révèlera la souffrance morale, le véritable martyre intérieur qu'il dut souvent endurer, en même temps que sa volonté ferme de demeurer soumis à la volonté de Dieu jusqu'à la fin.

« Je me trouve quelquefois dans un tel état que je « crois bien ne plus donner extérieurement le moindre « signe de vie. Que, tout à coup, cette situation s'ag- « grave, qu'elle se prolonge, comme cela arrive pour « d'autres, et l'on m'emportera vivant au cimetière ! « Je vous avoue que fréquemment cette pensée m'épou- « vante. »

Et comme son confident s'appliquait à lui montrer l'inanité de sa crainte, en même temps qu'il l'assurait que tous les moyens seraient pris pour bien constater sa mort, avant qu'on ne le plaçât dans le cercueil, il répondit : « Voyez-vous, il est très possible que le bon « Dieu, pour l'expiation de mes péchés et, par consé- « quent, dans des vues de miséricorde, veuille me « soumettre à cette suprême épreuve. J'y ai réfléchi « et j'ai fait déjà, à ce sujet, de nombreux actes de « résignation. Mais lorsque je serai dans le cercueil « ou déjà sous la dalle de la chapelle du cimetière, « est-ce que le désespoir ne s'emparera pas de moi ?

« Je vous en prie, aussitôt que vous serez informé « de ma mort, ou, ce que je désire tant ! si vous êtes

« près de moi à mes derniers moments, que votre « plus prochaine messe soit pour demander à Dieu, « qu'au cas où je ne serais pas véritablement mort, je « garde, jusqu'à la fin, la volonté formelle de ne vou- « loir que ce que, dans sa miséricorde, il aura voulu. »

Le 21 mars suivant, la messe était célébrée ; mais elle était célébrée en faveur d'une âme qui, certainement, avait paru devant Dieu, lui offrant l'héroïque acceptation d'une mort pareille, en même temps que le mérite de tant d'autres souffrances chrétiennement supportées. Car, en 1888, il avait été de nouveau soumis à une longue maladie, durant laquelle les pensées de la foi ne le quittèrent pas un instant. Le 8 décembre 1889, il fit une chute si malheureuse que le col du fémur fut brisé. Trois mois d'immobilité s'en suivirent. Quel supplice ! Et, durant tout ce temps, ses dispositions intérieures furent celles d'un autre grand serviteur de Dieu, de Mgr de Ségur qui, quelques jours après avoir été frappé d'une congestion cérébrale, écrivait au Congrès des membres de l'Union des œuvres ouvrières, réunis à Angers : « Mes chers Messieurs, « s'il est bon de travailler pour Jésus-Christ, il est « meilleur encore de souffrir pour lui. Jamais, pendant « toute sa vie, le Fils de Dieu n'a travaillé aussi puis- « samment à la gloire de son Père et au salut des « âmes, que pendant les heures qu'il a passées, immo- « bile et silencieux, sur sa terrible croix. Croyez-moi, « c'est là la bonne place et vous voudrez bien, n'est-ce

« pas ? me donner un témoignage de vraie et chré-
« tienne affection en bénissant Jésus avec moi et pour
« moi. Demandez-lui seulement pour votre vieil ami
« et serviteur une humilité sincère, une douceur per-
« sévérante et le remède des remèdes, la perfection
« des perfections, la patience » (1).

Le pauvre infirme se releva ensuite ; mais, à partir de ce jour, deux béquilles devinrent les compagnes inséparables de ses pas. En janvier 1891, il subit au pied une douloureuse opération. En 1892, il eut une première atteinte d'influenza. Il se remit cependant assez pour aller faire une saison d'eaux à Uriage, durant la belle saison.

L'automne arriva. Les docteurs pensèrent que l'hiver passé dans le midi pourrait lui être salutaire et il fut décidé qu'on partirait dans les premiers jours de décembre.

---

(1) *Mgr de Ségur. Souvenirs d'un frère*, tom. II, p. 215.

CHAPITRE NEUVIÈME

DÉPART POUR MENTON. — SES DERNIÈRES LETTRES. — SA DERNIÈRE MALADIE. — LES DERNIERS SACREMENTS ET LA MORT. — CÉRÉMONIE DES FUNÉRAILLES. — DISCOURS PRONONCÉS SUR LA TOMBE. — L'IMPRESSION QUE LAISSE APRÈS LUI L'*Homme de foi*.

(Décembre 1892. — Mars 1893).

Nous avons eu l'occasion déjà de constater combien le baron Blancard nourrissait sa piété de la lecture des Livres Saints et particulièrement de l'Evangile. A la fin, les textes sacrés étaient l'objet de ses constantes méditations et ils revenaient fréquemment sous sa plume. C'est ainsi que, l'époque de son départ pour le Midi approchant, il écrivait : « *Encore un peu de temps et* « *vous ne me verrez plus* ; je n'ose pas ajouter : *Encore* « *un peu de temps et vous me reverrez*. C'est ce que « le bon Dieu voudra. Mais vous n'allez pas nous « laisser partir, je pense, sans venir nous souhaiter, « de vive voix, bon voyage, d'autant que les choses « que j'ai à vous dire me constitueraient un intolé-

« rable excédent de bagage, si je devais les emporter « avec moi, sans vous en avoir fait part. »

Celui à qui écrivait ainsi le cher baron ne tarda pas à lui fournir l'occasion de l'entretien désiré ; et c'est ici surtout que nous regrettons de ne pouvoir rien révéler. Qu'il nous suffise de dire qu'avant d'admettre cette âme aux joies de la vie céleste, Dieu la faisait passer alors par un douloureux calvaire. Et, dans cette âme, quel abandon admirable à la Providence ! quelle acceptation généreuse d'une épreuve redoutée, à laquelle, d'ailleurs, il ne sera point soumis !

Le départ eut lieu le 6 décembre. Madame la baronne Blancard accompagnait son mari. Trois serviteurs dévoués les suivaient. A quelques jours de là, nous recevions ces nouvelles : « Nous voici donc à Men- « ton, installés dans une villa dont la situation est « ravissante. Nous sommes tout à fait sur le bord de « la mer. De mon fauteuil et même de mon lit, « j'aperçois les vagues qui viennent frapper le rivage, « et mes oreilles, pour le moment, entendent bien un « peu trop leur bruit, car je n'ai pas le sommeil « facile ; mais on s'accoutume à tout....... Comme « aménagement, notre habitation a été bien mal com- « prise. Nous y trouvons mille choses inutiles et au- « tant de choses, sinon indispensables, du moins fort « utiles y manquent. Au surplus, tout y est renversé. « Ainsi, par exemple, la cave est au grenier. Par « bonheur, le vin qui nous arrive de Lisle et, en

« particulier, notre vieil ami le Brézème n'ont rien à
« craindre d'être ainsi perchés, surtout en cette sai-
« son. Vous savez que nous nous sommes longuement
« arrêtés à Toulon où nous avons vu notre cher
« Frédéric en ménage (1), ainsi que ses excellents
« beaux-parents qui sont gens pleins de cœur et appré-
« cient de plus en plus leur gendre. Je vous laisse à
« penser si cela est pour déplaire à Madame Blancard.
« Nous avons visité également mon ancien camarade
« d'école, le général de Maillier. Croirez-vous qu'im-
« potent comme je le suis, j'ai pu, à l'aide de mes deux
« cannes, monter jusqu'à un troisième. Je n'en pouvais
« plus ; mais pas d'accident, et c'est beaucoup pour
« un homme si démoli.......

« Nous avions bien bonne volonté de nous installer
« à Tamaris ; mais, dans ma triste situation, il n'y
« avait vraiment rien qui put nous convenir, et cer-
« tainement le mieux a été de pousser jusqu'à notre
« vieux Menton, où, depuis que nous ne l'avions vu, la
« main des hommes a opéré d'énormes modifications.
« De même, il semble que la main de Dieu ait passé par
« là pour changer le climat et achever de rendre cet
« ancien paradis terrestre presque méconnaissable ;
« car, depuis notre arrivée, une bonne moitié des
« journées a été des plus médiocres. Il faut bien avouer
« d'ailleurs que nous sommes relativement fort heu-

(1) Monsieur Frédéric de la Taille, lieutenant de vaisseau et neveu du baron Blancard.

« reux ici. A part quelques gelées qui n'ont pas fait « descendre le thermomètre au-dessous de trois degrés, « ces jours derniers, il ne fait pas froid et, grande nou- « velle ! j'ai repris un peu d'appétit..... »

Durant les premiers jours de janvier 1893, nouvelle lettre qui commence par ces mots : « Je vous « remercie pour tous les souhaits que vous m'avez « exprimés à l'occasion de la nouvelle année, et, très « spécialement pour ceux qui concernent mon âme. « Elle a toujours grand besoin d'être aidée. Mais j'ai « la joie de vous annoncer que le bon Dieu veille sur « elle. Nous avons trouvé ici un curé qui me sera « d'un très grand secours..... Quant au corps, c'est « une vieille machine dont les docteurs auront peine « à tirer bon parti et je crois bien que, sous ce rap- « port, tel vous m'avez vu, lorsque nous sommes « partis, tel vous me retrouverez, lorsque nous ren- « trerons..... »

De nouveau, à la date du 29 janvier : « Je n'aurai « pas, comme vous, à parler d'intempéries épouvan- « tables, d'accidents, de blocus ; et pourtant nous nous « plaignons aussi, car, même à Menton, nous avons « subi le contre-coup de la désorganisation produite « dans la France entière par la chute d'une si abon- « dante neige. Durant quatre ou cinq jours, les « courriers nous sont arrivés avec douze heures de « retard. En outre, le ciel est gris, plein de nuages ; « depuis la semaine dernière, nous avons de fréquen-

« tes averses, fort incommodes pour votre serviteur
« qui ne peut porter de parapluie ni même en faire
« porter un à côté de lui, parce qu'il a besoin d'es-
« pace pour manœuvrer avec ses deux cannes. Nous
« étions venus chercher le soleil et il se fait plus rare
« que nous ne voudrions. Aussi, Madame Blancard,
« rentrant de la messe, ce matin, me disait qu'on
« devrait rendre l'argent. Je ne ferai pas cette propo-
« sition aux indigènes; ils n'entendraient pas de
« cette oreille-là. Les santés, du reste, ne sont pas
« mauvaises. Pour commencer par moi, parce que
« j'en aurai vite fini, je suis toujours à peu près le
« même. Je ne sens pas les forces revenir, et cepen-
« dant l'appétit continue à être meilleur qu'à Lisle.
« En outre, j'ai entrepris une série de massages qui
« ne m'ont pas donné de résultat évident autre que
« celui de me faire perdre un temps que j'emploierais
« mieux, je crois, même au point de vue de la santé,
« à réciter des chapelets. Quant à Madame Blancard,
« depuis l'alerte qu'elle nous a donnée au moment
« de notre arrivée, elle s'est remise à une vie plus
« active; elle va tous les matins à la messe de neuf
« heures, où j'ai le regret de ne l'accompagner que
« rarement; mais, du mieux que je puis, tandis que
« je suis seul, je m'unis à ses intentions (1). Ensuite

(1) Malgré son infirmité, il se rendait cependant assez souvent à l'église dès le matin et il y puisait la résignation et le courage dans de

« nous sortons ensemble dans la journée. Cette vie « très calme, loin de nos soucis ordinaires, avec un « petit ménage restreint et ces trois domestiques « dont nous ne saurions trop apprécier les bons ser- « vices, suffirait à notre bonheur, si je n'étais constam- « ment avec l'appréhension de voir se produire quel- « qu'une de ces complications dont nous sommes « coutumiers, hélas ! vous le savez ; vous savez aussi « celle que je redoute le plus...... »

19 février : « Le temps s'est amélioré, quoique « pour Menton ce ne soit pas merveilleux. La santé « de Mme Blancard continue à être excellente. La « mienne est moins satisfaisante. J'ai eu un gros « rhume, dont je ne vois plus que la queue ; mais, « dans l'ensemble, je ne me sens pas très à mon

---

ferventes communions. Quoi de plus touchant que ces mots tracés dans une lettre datée de Menton, deux avril 1893, c'est-à-dire moins de quinze jours après la mort du pieux baron : « Alleluia ! Il est là « haut dans la gloire de la Résurrection, communiant au divin amour « qu'il avait tant souhaité ici-bas et qu'il gémissait de ne pas ressen- « tir ; tandis que Dieu, certainement, le sentait cet amour de sa chère « âme ardente et candide. Ces pensées me consolaient, ce matin, « tandis que j'allais seule à la Table sainte, dans cette même chapelle, « à cette même heure qui nous voyait tous les deux, il y a si peu de « temps, moi, lui frayant la voie, lui, me suivant sur ces deux pau- « vres cannes qui lui étaient une si lourde croix ; je sentais alors « que la sympathie respectueuse de tous les assistants l'enveloppait ; « et, ce matin, c'était la pitié qui devait m'entourer, alors qu'on me « revoyait veuve maintenant et veuve de lui. »

« aise....... Toujours sans nouvelle de X. et je me « tiens à quatre pour ne pas m'impatienter. Je sais « bien d'ailleurs que j'aurais mauvaise grâce à for- « muler des plaintes, moi qui peux rarement com- « mencer une lettre sans m'excuser d'être en retard. « Mais savez-vous que j'aurai soixante-quatre ans « dans quinze jours? et, avec ma triste infirmité, avec « cette difficulté à me mouvoir, j'ai peut-être un peu « le droit de dire aux gens de faire ce que je dis et « non ce que je fais. Au surplus, je puis me rendre « ce témoignage qu'autrefois je faisais tout ce que je « devais... Hélas ! non, non, pas tout ce que je de- « vais ; vous m'entendez mieux que personne ; mais « tout ce que je devais aux convenances, à l'amitié, à « la déférence. Laissons cela ; c'est un sujet à réserver « pour nos prochaines conversations ; car nous ve- « nons de décider que nous resterons ici pour les « fêtes de Pâques ; et nous partirons le jeudi ou « le vendredi suivant pour profiter de la grande béa- « titude de Frédéric (1). Elle se rencontrera, paraît-il, « à la fin de la semaine de Pâques. D'après ce projet, « nous arriverions à Lisle le lundi de Quasimodo, le « soir. Nous y resterons huit ou dix jours seulement « et repartirons alors pour Paris et Tours. Vous êtes « prévenu à temps, je pense. Préparez-vous donc le

---

(1) Dans la marine, on emploie cette expression de *Béatitude* pour désigner trois jours successifs de permission.

« loisir de nous venir dans cet intervalle du seize au « vingt ou vingt-deux avril et de nous demeurer, s'il « est possible, tout ce temps. Je le désire vivement. « Vous accomplirez ainsi un grand acte de charité « spirituelle. »

Enfin, le 26 février, nous reçûmes encore une longue lettre. Elle se terminait par ces mots : « Enfin, « comme santé, que vous dirai-je ? Ça ne va pas ; « mais pas du tout. Je me sens très enfiévré, plus « affaibli que jamais. Ne suis-je pas cette fois près de « la fin ? A la garde et à la grâce de Dieu ! mais priez « pour moi. »

Ce furent là, comme nous le disions dans notre Introduction, les derniers mots qu'il put écrire ; mais combien l'*Homme de foi* va se révéler encore durant les trois semaines qui précèdent son entrée dans l'Eternité.

Les jours suivants furent mauvais, la fièvre très ardente.

Le 9 mars, Mme la baronne Blancard écrivait à son tour : « Après douze jours de fièvre et cette « influenza maudite qui renverse les plus jeunes et les « plus forts, nous sommes encore loin, hélas ! de la « convalescence. Avant-hier, 7 mars, anniversaire de « sa naissance, la journée a été détestable, à la suite

« d'une autre, dans laquelle ce pauvre ami se trouvait
« si soulagé qu'il croyait être entré dans la bonne voie.
« Mangea-t-il un peu trop, le soir, pour une de ces
« seules fois où il se sentit de nouveau un peu d'ap-
« pétit ? Il mangea cependant si peu ! Toujours est-il
« qu'il y eut dans la nuit un violent retour de fièvre
« qui ne cessa pas ensuite de la journée. Je voyais le
« médecin mécontent, étonné, frappé de cet excessif
« délabrement, et, mon Dieu ! en dépit de ma volonté
« de ne pas me troubler, je redoutais d'avoir à écrire
« hier des lettres alarmées. Tout au contraire, la nuit
« fut tout à fait bonne, bon sommeil, pas ou presque
« pas de fièvre; de même, la journée et la nuit dernières,
« ainsi que la matinée d'aujourd'hui.

« Il y aurait donc un grand mieux de ce côté ; mais
« comme on n'en peut jamais sortir, c'est incontinent
« l'estomac qui est pris. Il se refuse à l'alimentation
« nécessaire pour remonter ces pauvres forces dépri-
« mées.......... Vous ne pouvez vous imaginer la
« maigreur de ce pauvre Louis. Elle est pire que
« jamais.... Encore ce matin, le docteur me disait :
« Tout ce qu'éprouve M. Blancard n'a rien d'extraor-
« dinaire ; en soi, c'est fort peu de chose ; mais c'est
« énorme par le fait de cette faiblesse inouie. Il est
« démoli au plus haut degré ; je ne vois rien de grave ;
« mais, pour lui, tout peut le devenir d'un moment
« à l'autre. »

Durant quelques jours, l'état ne parut pas empirer ;

mais aucun mieux ne se manifestait et le docteur qui suivait le malade avec une assiduité et un intérêt dont on ne perdra pas le souvenir, n'augurait cependant rien de favorable : « On ne peut le guérir, disait-il, « mais seulement le *prolonger*. Et encore, pour cela, « il faudrait pouvoir le reconstituer par l'alimentation, « par la vie au grand air. Malheureusement, la chose « est impossible à cause de ce manque d'appétit, de « cette atonie de tous les organes. Au moins, ajoutait-« il, je voudrais le remettre dans la possibilité de ren-« trer chez lui ; mais il faudra beaucoup de temps. »

Et, tandis que l'homme terrestre tombait ainsi de plus en plus en ruines ; tandis que, suivant l'expression que nous rencontrons dans une lettre écrite en ces tristes jours, la mort s'avançait sournoisement, l'homme céleste ne perdait rien de la vivacité et des élans de sa foi. Dans la lettre du 17 mars, nous lisons : « Ce juste, ce parfait, prie nuit et jour, prière si tendre « et si douloureuse que l'on ne comprend pas qu'elle « ne soit point exaucée. Il est vrai qu'il est bien mûr « pour le ciel et que peut-être Dieu le veut maintenant « pour lui. »

Oui, Dieu le voulait maintenant pour lui. Le malade fut pris tout à coup de douleurs d'entrailles extrêmement violentes qui lui arrachaient des cris, et ces cris n'étaient interrompus que par des appels à Dieu et par des actes de résignation. Sur sa demande, M. le Curé fut appelé aussitôt et il le confessa. Le docteur, de son côté, lui fit une première piqûre de morphine qui calma la souffrance. Durant quelques heures, le malade eut un bon sommeil ; mais lorsqu'il se réveilla les mêmes douleurs se réveillèrent également. Il fallait recourir à une seconde piqûre, et le religieux Baron eut alors un scrupule : Cet emploi de la morphine qui endort ainsi la souffrance est-il dans la volonté de Dieu ? Jésus, sur la croix, ne reçut aucun adoucissement à sa torture. Bien au contraire, il fut abreuvé de fiel et de vinaigre. N'était-ce pas se montrer trop peu endurant que de consentir à la nouvelle piqûre qui devait le soulager ? Il n'y consentit, en effet, qu'après avoir consulté son confesseur à ce sujet. Telle fut, jusqu'à la fin, la délicatesse de sa conscience.

Cependant, il s'affaiblissait de plus en plus et se rendait parfaitement compte de son état : « Je vois bien « que je n'en ai plus pour longtemps ! » et, semblable au Roi pénitent qui, malgré ses expiations et l'assurance de son pardon, garda néanmoins jusqu'à la fin le souvenir humilié de ses fautes, il disait à cette épouse courageuse et désolée qui ne le quittait pas un instant : « Oh ! ce passage, comprends-tu ce que c'est ? Je vais « paraître devant Dieu avec le cortège de mes pé- « chés ! » Et c'est alors qu'à plusieurs reprises, on l'entendit répéter : « *Jésus, fils de David, ayez pitié* « *de moi.* Je suis le mendiant sur le bord du chemin, « un vrai mendiant, car je n'ai plus rien. »

Attendez encore un peu, homme de foi, le Fils de David que vous implorez exauce toujours la prière des humbles. Vous allez voir se réaliser pour vous la parole du cantique que tous les jours vous redisiez à votre Mère du ciel : « *Esurientes implevit bonis*, vous allez « être comblé des biens du Seigneur. »

On était arrivé au 19 mars, dimanche de la Passion. Cette date lui rappela tout à la fois et la fête de S. Joseph et l'anniversaire de la naissance de sa femme à qui il dit, ainsi que nous l'avons déjà rapporté : « Je regrette « bien d'être ainsi cloué sur ce lit. J'avais projeté de « faire confectionner pour aujourd'hui deux bouquets, « l'un plus gros et plus beau que nous aurions porté « ensemble sur l'autel de S. Joseph, et l'autre, plus « petit, mais bien beau également, eût été pour toi. »

Et tandis qu'il donnait ainsi à son épouse cette nouvelle preuve de tendre affection, le docteur constatait qu'on touchait à la fin. Il avait été décidé que M. le Curé apporterait la sainte communion au malade le lundi matin, puisque l'Eglise ne célébrait la fête de S. Joseph que ce jour-là. Mais il fallut se presser.

Heureux les malades qui, au moment de leur départ pour l'éternité, trouvent à leur chevet des parents ou, au moins, des amis assez chrétiens et assez généreux pour leur faire entendre les avertissements seuls salutaires en cette heure suprême. Le baron Blancard eut ce bonheur qui était déjà une première récompense accordée à sa sainte vie. Ecoutons ce dialogue entre l'épouse et l'époux :

« Mon ami, M. le Curé est là. — Et pourquoi donc, « ce soir ? Il ne devait venir que demain matin. » Puis, après un instant de silence, il reprend : « Est-ce « le docteur qui l'a dit ? — Oui, c'est lui. — Oh ! alors « il faut faire son sacrifice ; .... il est dur...... faisons-« le. » Et aussitôt sans attendrissement, sans larmes, sans plus adresser un seul mot à ceux qui l'entourent, il joint les mains, il se met en prières.

Tout ce que nous avons appris, au cours de cette histoire, sur la foi ardente de celui qui est maintenant en agonie, nous dit assez avec quelle reconnaissance, avec quelle tendre piété il reçut le *Viatique du corps de Notre Seigneur Jésus-Christ*, avec quelle ferveur il supplia son Sauveur qu'une dernière fois, selon le mot de sainte Thérèse, il logeait chez lui, de vouloir, en retour, lui accorder le royal et éternel logement du ciel.

Après la communion, il demanda lui-même le sacrement de l'Extrême-Onction, car, n'ayant plus qu'un souffle, il n'avait rien perdu de la lucidité de son esprit. Au cours de la cérémonie, cet homme qui va mourir interrompt le prêtre : « Monsieur le Curé, lui dit-il,

« ayez la bonté de prononcer les formules très lente- « ment et de les répéter en français ; je me sens si « affaibli que je ne puis suivre facilement le latin. » Et lui-même, jusqu'à la fin, répondit à toutes les prières.

M. le Curé ne s'était point retiré ensuite. L'agonisant le pria d'accepter, pour la célébration de la sainte messe, les quelques bouteilles de vin blanc de Brézème qu'il avait apportées à Menton. Il le remercia de sacrifier ainsi sa nuit pour l'assister. Un peu plus tard : « Cette mort qui me faisait si grande peur ne m'effraie « plus maintenant, dit-il à Mme la Baronne. » Et tandis que celle-ci se trouvait, un instant, dans le salon, avec M. le Curé, voyant près de son lit la femme de chambre de Mme Blancard, il lui demanda pardon de la peine qu'il avait jamais pu lui faire et la chargea de demander également pardon pour lui à cet autre ancien serviteur dont nous avons déjà parlé et qui, durant de longues années, avait joui si légitimement de toute sa confiance, et qu'il avait laissé à Lisle, lui confiant l'administration de sa maison.

Il était près de minuit lorsqu'il demanda qu'on lui fît la recommandation de l'âme : « Ce n'est pas encore « le moment, répondit M. le Curé ; un peu plus « tard ! » Et le prêtre, et la religieuse garde-malade ainsi que l'épouse, dont la foi faisait également, à cette heure de séparation, une femme si forte, reprirent leurs prières devant le lit du mourant qui ne détachait plus son regard du crucifix.

Enfin ce fut le moment de la recommandation de l'âme : « *Seigneur, ayez pitié de votre serviteur, car* « *bien qu'il ait péché, il n'a cependant jamais perdu* « *la foi.* » Non seulement il n'a jamais perdu la foi, devait dire, à cet instant suprême, l'ange gardien de ce juste, mais souvenez-vous, Seigneur, que sa foi est devenue de jour en jour plus ardente, qu'il en a accompli toutes les œuvres et qu'autant qu'il a dépendu de lui, il en a été l'apôtre. Ame fidèle, le temps de l'épreuve a passé, voici maintenant la récompense éternelle. Suivez-moi et ensemble montons au ciel !

En effet, Mme la baronne voulut lui parler encore : « Je ne t'entends plus, lui répondit-il, ce doit être la « fin. » — « Il ne souffre plus, reprend bientôt le « prêtre. »

Durant quelques instants encore, il exhala de longs soupirs qui devinrent de plus en plus faibles et le dernier, Mme Blancard le reçut sur ses lèvres.

C'était le 20 mars, à deux heures du matin, le jour même de la fête de S. Joseph, puisque, comme nous l'avons déjà dit, cette fête avait été remise au lendemain, le 19 mars coïncidant, en 1893, avec le dimanche de la Passion.

Aussitôt qu'elle fut connue, la nouvelle de cette mort prit, à Menton, le caractère d'un événement. On n'aurait pu penser qu'arrivés depuis si peu de temps dans cette ville et si loin de l'époque où ils s'y rendaient régulièrement chaque hiver, deux étrangers se fussent gagnés de si universelles sympathies. Et tandis qu'un grand nombre venaient prier au pied du lit funèbre et dire à l'épouse désolée la part que chacun prenait à son affliction, prévenus, dès la veille, par télégramme, deux neveux du défunt arrivaient bientôt, puis sa sœur aînée, ainsi que M. et Mme Bontoux, qui n'avaient pas hésité à faire le long voyage de Paris à Menton. Enfin dans un journal de la localité paraissait ce rapide article nécrologique :

« Nous avons le regret d'apprendre la mort de M. le baron Blancard, qui vient de succomber dans notre ville, à l'âge de soixante-quatre ans.

« Il était fils du général baron Blancard qui fut un des héros de Waterloo.

« Sorti de l'Ecole polytechnique dans la même promotion que les généraux de Miribel (1), Vaillant, de Maillier et tant d'autres officiers distingués, il prit part avec honneur à plusieurs campagnes en Afrique, en particulier à l'expédition de Kabylie.

« Capitaine et chevalier de la Légion d'honneur, M. Blancard se préparait à faire la campagne de 1870,

---

(1) Nous avons dit ailleurs qu'il avait été camarade d'école de l'illustre chef de l'Etat-Major général de l'armée dont la France entière pleure la perte, au moment où nous écrivons ces lignes; mais le général de Miribel était d'une promotion postérieure.

quand sa santé, devenue chancelante, l'obligea à quitter le service ; pour un cœur aussi généreux et aussi patriote qu'était le sien, ce fut une cruelle amertume dont il ne se consola jamais.

« Il devint dès lors l'hôte assidu de notre beau Menton qu'il trouvait si séduisant ; il y était revenu, hélas ! c'était pour y mourir.

« Il y était fort connu et y comptait de nombreux et dévoués amis qu'avaient vite captivés l'aménité et la droiture de son caractère, la distinction de sa personne et l'agrément de son commerce. On peut dire qu'il ne laisse après lui que sympathies et regrets.

« Nous prions Mme la baronne Blancard de vouloir bien recevoir nos sympathiques condoléances. »

L'historien du général de Sonis raconte que les obsèques de celui qui avait demandé qu'on plaçât sur sa tombe une simple pierre, avec cette inscription : *Miles Christi*, eurent le caractère de sa vie. Elles furent dignes, recueillies, profondément chrétiennes. Telles furent également celles du baron Blancard.

Le cercueil qui renfermait ses restes arrivait en gare d'Allex, le jeudi, 23 mars, à 8 heures du matin. Et c'est là que commença la cérémonie des funérailles, en présence des parents et amis du défunt, ainsi que de toutes les notabilités de la région. Quant à la paroisse pour laquelle, durant tant d'années, M. Blancard avait été un si puissant instrument de bien et un sujet de si constante édification, on peut dire qu'elle avait accouru tout entière.

La procession se forma. En tête marchaient les écoles congréganistes de garçons et de filles et les confréries de l'Immaculée Conception et du saint Rosaire. Ensuite venaient, avec une députation de l'orphelinat d'Upie, les religieuses de Ste-Marthe, les Sœurs gardes-malades de Crest, les Filles de la Charité de Grâne, les Petites Sœurs des pauvres de Valence, vivants témoins des bonnes œuvres de celui pour lequel on priait. Puis, en rangs serrés, le syndicat agricole d'Allex, à la formation et à la prospérité duquel le défunt avait pris une si grande part, selon que devait le rappeler bientôt, en termes éloquents, le dévoué président de cette belle association. Après le syndicat, c'étaient les nombreux membres de la confrérie des Pénitents, les Frères Maristes, ceux des Ecoles chrétiennes, les religieux Augustins de l'Assomption de Briant, les Pères Capucins de Crest ; enfin le clergé dans lequel figuraient les curés des paroisses environnantes, les prêtres amis de la famille, plusieurs chanoines et M. le Vicaire-Général Colomb, représentant Mgr l'Evêque de Valence.

Derrière cette interminable procession, venait le char funèbre, suivi des parents et d'une foule énorme.

A l'église, dont la plupart des tentures de deuil devaient être bientôt converties en vêtements pour les pauvres, la messe de *Requiem* fut chantée solennellement par M. le Curé de la paroisse qui, avant l'absoute, monta en chaire, et rendit un hommage si mérité au religieux défunt, exaltant sa foi, proclamant ses œuvres, dans une allocution aussi riche de doctrine que de faits. Comme volontiers nous reproduirions ici ce magnifique discours si, déjà, au cours de cette histoire, nous n'avions eu l'occasion d'en citer de longs extraits !

Dans le même ordre et le même recueillement qu'on avait observés pour se rendre à l'église, on se rendit au cimetière.

Les dernières prières venaient d'être récitées par M. le Vicaire-Général, lorsque M. de Gailhard-Bancel, président du syndicat agricole, parut sur le seuil de la chapelle mortuaire et prononça les paroles suivantes :

« Mes chers amis,

« C'est à la fois pour votre président un devoir bien douloureux et une grande consolation d'avoir à adresser, au nom de notre syndicat, un dernier adieu au collègue aimé et vénéré, qui nous a été si soudainement enlevé.

« Devoir douloureux, parce que, dans ces tristes moments, le cœur de l'ami aurait besoin de silence et de recueillement ; consolation bien grande, parce qu'il lui est doux pourtant de parler de celui qui voulut bien l'honorer de son amitié, alors surtout que, si grand que soit le bien qu'il pourra dire de cet ami, il est assuré de demeurer toujours au-dessous de la réalité : seul, Dieu, qui sonde les reins et les cœurs, aura pu découvrir, pour les récompenser, toutes les vertus et tous les mérites de l'excellent et généreux chrétien que nous pleurons.

« Car, dans cette existence si bien remplie, d'abord par une carrière militaire noblement parcourue, et ensuite par la vie calme et paisible de l'agriculteur, c'est le chrétien qui nous apparaît surtout et que nous saluons avec respect, consolés et fortifiés par les espérances et les éloquentes leçons qu'il nous apporte.

« Oui, mes chers amis, comme le proclamait tout à l'heure la parole autorisée de notre pasteur, Monsieur Blancard a été un grand chrétien ; chrétien par le noble usage qu'il a fait des biens de ce monde, que la Providence lui avait largement départis ; chrétien par la générosité avec laquelle il a toujours mis, au service de la vérité et de la justice, sa belle intelligence, ouverte à toutes les grandes questions qui intéressent le pays, son caractère loyal et fortement trempé, son esprit si droit, si fin, si juste, son cœur si grand, si bon, si aimant, demeuré toujours chaud et toujours jeune à travers les années et les épreuves ; chrétien par le courage et la résignation avec lesquels il a supporté les privations et les souffrances qui ont attristé les dernières années de sa vie, par son admirable soumission à la volonté de Dieu, par son dévouement à toutes les nobles et saintes causes ; chrétien par ses exemples et par ses œuvres.

« Ses œuvres ! Elles sont présentes à vos mémoires et à vos cœurs, comme elles sont écrites sur le livre d'or du ciel et dans le souvenir de tous les malheureux qu'il a soulagés, de tous les amis qu'il a encouragés et soutenus ; comme elles sont gravées sur le sol même de notre paroisse, depuis notre église, pour laquelle, lorsqu'on la construisait, le jeune officier d'artillerie envoyait sa discrète et généreuse offrande, jusqu'à nos écoles chrétiennes qu'il a puissamment contribué à fonder, à organiser, à faire vivre et prospérer, non seulement par ses libéralités, mais encore par sa science, son autorité et son dévouement.

« Et notre œuvre elle-même, notre syndicat agricole qui nous rassemble aujourd'hui autour de son cercueil, que ne lui doit-il pas aussi ? Lorsqu'il fut question de l'établir, ce fut lui qui m'excita à aller de l'avant, qui me guida, qui me soutint de ses conseils et de ses encouragements ; et combien de fois, depuis lors, n'ai-je été que l'écho affaibli des avis sages et judicieux qu'il aurait été si heureux de pouvoir nous apporter lui-même !

M. le baron Blancard n'était pas de ceux qui se laissent arrêter par les difficultés et les obstacles ; lorsque, dans la droiture de son esprit et la loyauté de son cœur, il avait reconnu la justice et la vérité, il les suivait jusqu'au bout quoiqu'il lui en pût coûter.

Aussi, dans la voie chrétienne — et pourquoi ne le dirai-je pas ? — dans la voie de la perfection chrétienne, dans laquelle il était si généreusement entré, sur cette route qui, si elle a ses douceurs pour l'âme, est parfois bien pénible et bien dure pour notre pauvre nature, il ne recula jamais, il ne demeura pas stationnaire ; il avança, il progressa toujours.

« Et nous tous, ses concitoyens et ses amis, nous avons été les témoins édifiés de cette marche en avant dans le bien, dans la pratique de plus en plus multipliée et plus fervente des œuvres de foi et de piété.

« Mais nous n'avons pu qu'entrevoir la générosité de cette âme pour Dieu, ses sacrifices, ses souffrances, ses joies, ses mérites, et il faudra qu'un jour un de ces prêtres aimés qui en ont pénétré plus avant les secrets nous les livre et nous découvre ces trésors cachés, pour que nous puissions en mieux apprécier la valeur, une fois de plus admirer l'œuvre de Dieu dans ses saints et mesurer toute l'étendue de la perte que nous faisons aujourd'hui.

« Mais non, notre foi de chrétien nous commande de le croire, nous ne le perdons pas tout à fait ce bienfaiteur, ce collègue dévoué, cet ami ! Il restera au milieu de nous par le souvenir de ses bienfaits, de ses exemples, de ses œuvres, comme il vivra toujours dans le cœur de ceux qui pleurent en lui l'appui le plus aimant et le plus sûr, le meilleur et le plus tendre des frères, le plus dévoué des parents, le plus fidèle des amis.

« Il sera toujours l'âme de nos œuvres, qui furent les siennes, par ses prières, par cette communion mystérieuse, qui permet aux élus de demeurer en communication avec nous qui combattons encore, de nous assister, de nous soutenir dans nos épreuves et dans nos luttes, jusqu'au jour où se réalisera le vœu que nous formons en disant à ceux pour qui sonne l'heure de l'éternelle récompense, ces paroles consolantes que nous adressons aujourd'hui, pleins de foi et d'espérance, à notre cher et regretté M. Blancard :

« A Dieu, c'est-à-dire au revoir près de Dieu ! »

A son tour, M. Bérenger, sénateur, s'exprima ainsi :

« Messieurs,

« Les éloges si mérités et si bien dits que vous venez d'entendre ne sauraient suffire à la profonde affliction que j'éprouve.

« Celui que nous pleurons a été pour moi, pendant vingt ans, comme un frère, par l'étroite union de nos familles et la communauté de nos premières études. Il n'a cessé, depuis que la différence de nos carrières nous avait séparés, d'être le plus affectueux et le plus fidèle des amis. Qu'il me soit permis, quand ce ne serait que pour soulager mon cœur, de lui dire, à mon tour, quelques mots d'adieux, inspirés par la douleur et l'amitié.

Combien son portrait est facile à faire ! Ame d'élite, absolument fermée à toutes les vulgarités de la vie, largement ouverte, au contraire, aux grandes et généreuses idées, conscience d'une inflexible droiture, esprit élevé et ferme, cœur si haut et si simple à la fois, bonté sans bornes qui, malgré une froideur apparente, se faisait sentir dans les moindres paroles et arrivait, avec les enfants, à la plus touchante tendresse. Et tout cela si bien empreint dans tous les actes de sa vie, si visible dans la noblesse de tous ses traits, qu'on ne pouvait l'avoir vu sans en avoir senti l'impression et subi l'influence.

Ne sont-ce pas là les grandes qualités qui donnent aujourd'hui tant d'amertume à nos regrets et qui expliquent les témoignages si nombreux d'estime et d'affection dont, en ce triste jour, nous voyons sa tombe entourée?

Quels services ses hautes facultés ne lui eussent-elles pas permis de rendre à son pays, si l'état de sa santé ne l'avait contraint à briser une carrière déjà brillamment commencée, au moment où il allait en recueillir les fruits !

Il avait, au sortir de l'Ecole polytechnique, embrassé, à l'exemple de son père, la profession des armes. Quelques campagnes, en Crimée, en Algérie, avaient fait apprécier son savoir, son sang-froid dans le danger, sa bravoure. Il était, jeune encore, capitaine d'artillerie et chevalier de la Légion d'honneur.

Le maréchal Pélissier, ancien aide de camp de son père, qui se connaissait en hommes, l'avait pris comme officier d'ordonnance, pendant son gouvernement de l'Algérie. Il était rapidement devenu son auxiliaire préféré. Quel augure pour son avenir! La plus cruelle des déceptions coupa court, au moment le plus douloureux, à toutes les espérances que ses amis formaient pour lui.

On se préparait à la grande lutte. Déjà il était à Metz où son régiment allait figurer dans les premiers combats. Une terrible maladie le força d'abandonner tout service. On dut l'évacuer à Orléans, puis à Bordeaux. A peine était-il convalescent quand la paix fut signée. Ce fut une des grandes douleurs de sa vie de n'avoir pu prendre, à la défense de son pays, la part active que ses études, son énergie et son ardent patriotisme semblaient devoir lui réserver.

Bientôt il dut prendre sa retraite et vint se fixer au milieu de vous. Quelle existence différente de celle à laquelle il s'était préparé! C'était désormais dans le cercle restreint des devoirs privés, que devait se renfermer ce qu'il lui restait de force. Ce n'est pas devant ceux qui ont été, dès lors, les témoins de sa vie que j'ai à rappeler ce qu'il a montré, dans leur accomplissement journalier, de dignité, de dévouement, de rare abnégation. Songeant à peine à lui, toujours occupé des autres, il semblait retrouver dans le désir de faire le bien son activité d'autrefois. On vous a parlé de ses œuvres. Elles laisseront dans ce pays un souvenir durable.

Ce qui ne lui survivra pas moins, c'est le grand exemple de touchante résignation, d'admirable fermeté qui a marqué cette dernière partie de sa vie, à laquelle les afflictions n'ont pas été plus épargnées que les souffrances.

Le secret de sa force n'était pas seulement dans les affections si profondément dévouées qui l'entouraient, il était encore, on vous l'a dit justement, dans la solidité de sa foi. Si j'en parle, à mon tour, c'est qu'il ne m'a pas été donné de voir, dans un autre homme, une certitude plus arrêtée et plus tranquille dans ses convictions. Sa croyance n'était point seulement un acte de soumission. La réflexion et l'étude l'avaient fortifiée et avaient mis sa raison étroitement d'accord avec son cœur.

Ce sont ces sentiments qui ont fait la grande consolation, l'espérance suprême de sa vie. Ce sont eux aussi qui, à l'heure actuelle, laissent aux siens le seul adoucissement que puisse accepter leur douleur.

Ame élevée, grand cœur, auxquels il n'a manqué que l'occasion pour donner toute leur mesure.

Tel est le juste hommage que mon amitié tenait à déposer sur sa tombe. »

Les deux éloquents discours qu'on vient de lire résument admirablement, nous semble-t-il, les pages que nous avons consacrées à la mémoire du baron Blancard et, à ce titre, elles pourraient servir de conclusion à notre humble travail.

Mais comment passer totalement sous silence les innombrables lettres écrites à l'occasion de la mort de ce grand chrétien ? Toutes, lettres de parents et d'amis, de prêtres et de religieux, de jeunes gens et même d'enfants, traduisent, mieux que nous n'avons su le faire, et souvent par un simple mot, sa physionomie morale. Toutes proclament en lui l'homme qui, par l'ensemble de ses vertus, a réalisé l'idéal que nous nous faisons d'un saint.

Qu'on en juge d'ailleurs par quelques extraits :

« Le connaître, c'était vraiment l'aimer. On appré-
« ciait, dès qu'on l'approchait, ce charme si doux, ce
« calme et cette sérénité, ce cœur si parfait, alliés à
« un esprit si vif et si fin. »

« Nous jouissions encore, il y a peu de temps, de
« son affabilité si douce, si affectueuse, de sa bonté si
« réelle et si touchante... Oui qu'il était bon et bien-
« veillant ! Tous ceux qui le voyaient en gardaient
« une impression de douceur et d'affection qui ne
« s'effaçait plus »

« Nous prions avec vous pour ce cher défunt dont
« l'âme si belle attirait tous les cœurs. »

« L'influence de l'homme véritablement bon ne se
« manifeste pas seulement pendant sa vie, mais elle
« s'exerce encore, après sa mort, et on la sent réelle-
« ment présente dans le milieu où il a vécu et sur
« les personnes qu'il a aimées. C'est pour moi, je
« vous assure, une très grande douceur de m'occuper
« de cette affaire et de penser que les uns et les au-
« tres nous agissons sous l'impulsion, sous les inspi-
« rations de M. Blancard. »

« M. Blancard m'était tout particulièrement sympa-
« thique et, malgré les trop rares occasions que j'a-
« vais de le voir, j'éprouvais pour lui une grande
« amitié et en conserverai toujours le plus cordial
« souvenir. Il avait un caractère si gracieux, si aima-
« ble que, malgré cette santé si délicate qui souvent
« aurait pu l'aigrir ou le rendre indifférent aux cho-
« ses et aux personnes, il conservait toujours une
« douceur, une aménité, une inépuisable bienveillance
« dont on lui savait doublement gré, car il lui fallait
« aussi bien de l'énergie pour ne pas avoir des mo-
« ments de profond découragement. »

« Je ne sais comment vous exprimer tout mon cha-
« grin, tous les regrets que me cause la perte de ce
« cher Louis. Il était comme un frère pour moi ; et
« toute l'estime, toute l'affection que son caractère
« m'avait inspirées, laissent une place bien doulou-
« reusement vide dans mon cœur. »

« Il y a quelques jours, dans le chapitre de l'*Imi-*
« *tation* que je lisais, ce soir-là, je trouvais cette cita-
« tion de saint Jean. Marthe disait à Marie-Madeleine :
« *Le Maître est là ; il vous appelle ;* et ces paroles me
« semblaient faites pour ce dernier moment où la clo-
« chette précédant le St-Sacrement lui disait aussi :
« *Le Maître est là ; il vous appelle.* Et avec cette même
« simplicité, il est allé au Maître ; il a répondu à cet
« appel de toute la force, de tout l'abandon de sa foi
« et de son amour. »

« Il n'y a plus qu'à regarder en haut pour y retrou-
« ver cette belle âme si droite, si noble, si pure et
« enfin à se dire qu'elle est auprès de Dieu qui l'a
« rendue plus heureuse que toute notre impuissante
« tendresse. »

« Mieux que personne vous savez ce qu'il y avait

« de bon, d'affectueux, de dévoué, dans cette âme « privilégiée qui s'éleva peu à peu par ses études, ses « efforts et sa correspondance à la grâce, à un rare « degré de perfection. J'admirais surtout son humi- « lité, son grand désir de plaire à Dieu et cet esprit « de foi qui l'animait en toutes choses. »

Quoi de plus touchant que ce langage d'un jeune enfant ? « Cette nouvelle nous a fait bien de la peine; « notre pauvre oncle était toujours si bon pour nous ! « Je crois bien que c'est saint Joseph qui est venu le « chercher au jour de sa fête. C'est, du reste, ce que « m'a dit le Père spirituel, en m'exhortant à espérer « qu'il jouit du bonheur des saints. Demain, je com- « munierai ainsi qu'Henri, et Louis y joindra ses « prières pour son parrain, afin que le bon Dieu ne « laisse pas plus longtemps l'âme de notre bon oncle « en purgatoire, si elle y est. »

Terminons enfin par ces lignes charmantes de piété, toutes empreintes d'esprit évangélique, qui furent adressées encore à Mme la baronne Blancard par un autre de ses neveux, jeune religieux de la Compagnie de Jésus : « Je ne sais pourquoi le nom de saint « Joseph que nous avons eu toute la journée dans « le cœur et sur les lèvres s'unit pour moi à la « pensée, à l'espérance du bonheur déjà acquis à

« mon oncle et jette je ne sais quel charme sur
« cette mort. Oh! que je le prie de lui donner
« le ciel ! Et je prie aussi pour toi, ma chère tante,
« afin que le bon Dieu te soutienne et te console.
« Déjà j'ai dit à mon oncle combien tu es triste,
« désolée, abattue, toi qui lui fus si affectionnée et
« dévouée toujours. Et je voulais que lui-même t'ob-
« tînt, te donnât la sainte consolation. Aussi je te prie
« maintenant de l'entendre, ce cher oncle, montant
« au ciel, t'adresser ces paroles de Notre-Seigneur à
« ses disciples, la veille de sa mort : *Si diligeretis*
« *me, gauderetis utique, quia vado ad Patrem. Si*
« *vous m'aimiez, vous vous réjouiriez tout à fait,*
« *parce que je vais à mon Père.* Et à ceux qu'il laisse
« si tristes, si affligés ; à toi, ma chère tante, qui restes
« seule sans lui, je suis sûr qu'il ajoute encore
« comme Notre-Seigneur : *Expedit vobis ut ego va-*
« *dam. Il vous est avantageux que je parte.* Je vou-
« drais, ma chère tante, pouvoir adoucir une de tes
« larmes ; mais je prie le bon Dieu et la sainte Vierge
« qui pleura saint Joseph de les sanctifier toutes. »

TABLE DES MATIÈRES

CHAPITRE QUATRIÈME

CHAPITRE CINQUIÈME

CHAPITRE SIXIÈME

CHAPITRE SEPTIÈME

CHAPITRE HUITIÈME

CHAPITRE NEUVIÈME

FIN

VALENCE, IMPRIMERIE VALENTINOISE, PLACE ST-JEAN.

DESACIDIFIE
A SABLÉ - 2009

www.ingramcontent.com/pod-product-compliance
Ingram Content Group UK Ltd.
Pitfield, Milton Keynes, MK11 3LW, UK
UKHW021138260726
13994UKWH00001B/199